아이가 주인공인 책

아이는 스스로 생각하고 성장합니다.
아이를 존중하고 가능성을 믿을 때
새로운 문제들을 스스로 해결해 나갈 수 있습니다.

〈기적의 학습서〉는 아이가 주인공인 책입니다.
탄탄한 실력을 만드는 체계적인 학습법으로
아이의 공부 자신감을 높여줍니다.

가능성과 꿈을 응원해 주세요.
아이가 주인공인 분위기를 만들어 주고,
작은 노력과 땀방울에 큰 박수를 보내 주세요.
〈기적의 학습서〉가 자녀교육에 힘이 되겠습니다.

안녕, 우리는 <u>비법걸&비법보</u>이야.

디자이너 다츠쌤이 우리를 귀엽게 만들어 주셨고,
이름은 길벗스쿨 기적쌤이 지어주셨지.
아직 그렇게 유명하진 않은데...
너희들이 예쁘라 해 주면 우리도 빵 뜨지 않을까? ^^
우리는 이 책에서 초등 전 학년을 맡고 있지!
이 책으로 너희들이 독해를 잘하려면 우리가 하는 얘기를 잘 들어줘야 해.
우리가 전수하는 비법대로만 따라 하면 독해 그까짓 거 식은 죽 먹기라고~!
같이 해 보자~~!!

초등 문해력, 읽기로 시작한다!

기본편

길벗스쿨

기적의 **독해력** 9권 초등5학년 기본편

초판 1쇄 발행 2021년 3월 3일
개정 1쇄 발행 2024년 6월 1일

지은이 기적학습연구소
발행인 이종원
발행처 길벗스쿨
출판사 등록일 2006년 6월 16일
주소 서울시 마포구 월드컵로 10길 56(서교동 467-9)
대표 전화 02)332-0931 | **팩스** 02)323-0586
홈페이지 www.gilbutschool.co.kr | **이메일** gilbut@gilbut.co.kr

총괄 신경아(skalion@gilbut.co.kr) | **기획 편집** 박은숙, 유명희, 이은정, 이재숙
제작 이준호, 손일순, 이진혁 | **영업마케팅** 문세연, 박선경, 박다슬 | **웹마케팅** 박달님, 이재윤, 나혜연
영업관리 김명자, 정경화 | **독자지원** 윤정아

표지 디자인 디자인비따 | **본문 디자인** (주)더다츠 | **전산편집** 린 기획
표지 일러스트 이승정 | **본문 일러스트** 김영곤
CTP출력 및 인쇄 교보피앤비 | **제본** 신정문화사

ISBN 979-11-6406-693-3 64710
(길벗스쿨 도서번호 10926)
정가 12,000원

독자의 1초를 아껴주는 정성 길벗출판사

길벗스쿨 | 국어학습서, 수학학습서, 유아콘텐츠유닛, 어학학습서, 어린이교양서, 교과서, 길벗스쿨콘텐츠유닛
길벗 | IT실용서, IT/일반 수험서, IT전문서, 어학단행본, 어학수험서, 경제실용서, 취미실용서, 건강실용서, 자녀교육서
더퀘스트 | 인문교양서, 비즈니스서

『기적의 독해력』을 펼친 여러분께 우선 박수를 보냅니다.

이 책은 여러분의 독해력을 키우기 위해 만든 책이에요. '독해력'이 뭐냐고요? 읽을 독(讀), 이해할 해(解), 힘 력(力) 자를 써서, 글을 읽고 이해하는 능력(힘)을 말해요. 지금처럼 이 글을 읽고 무슨 뜻인지 알겠으면 독해가 되고 있다는 거고요. 이 글을 읽고는 있지만 도통 무슨 말인지 모르겠으면 독해가 잘 안되고 있다고 할 수 있죠.

우리는 살면서 많은 글을 읽어요. 그림책, 동화책, 교과서, 하다못해 과자 봉지에 있는 글까지. 그런데 이렇게 많은 글을 읽어도 이해하지 못한다면 얼마나 답답할까요? 글을 읽고 이해가 되어야 깨닫게 되고, 몰랐던 것을 알게 되고, 또 이어질 여러 가지 문제를 해결할 수도 있는데 말이죠.

그래서 '독해'는 모든 공부의 시작이고, '독해력'은 우리가 가져야 할 제일 중요한 능력 중의 하나이지요.

여러분이 펼친 『기적의 독해력』 시리즈는 여러분이 초등 공부를 시작할 때부터 완성할 때까지 함께할 비법서랍니다. 예비 초등학생을 위한 한 문장 독해부터 중학교 입학을 앞둔 6학년을 위한 복합적인 글 독해까지, 기본을 세우고 실력을 다질 수 있는 다양한 유형의 독해 글감과 핵심을 파고드는 문제들을 담고 있어요.

혹시 "글 속에 답이 있다!", "문제에 답이 있다!"라는 말을 들어 보았나요?
『기적의 독해력』 시리즈로 공부하면 여러분은 분명 그 해답을 쉽게 깨치게 됩니다.

잠깐, 쉽다고 대충 하지는 말아요! 글을 꼼꼼히 읽고 내가 잘 읽었는지 찬찬히 떠올리면서 문제까지 수월하게 해결해 나가는 게 가장 핵심이 되는 독해 비법이랍니다. 가끔 문제는 틀려도 돼요. 틀리면서 배우는 게 훨씬 많으니까요!
자, 머뭇거리지 말고 한번 시작해 보세요.

2021년 2월
기적학습연구소 국어팀 일동

독해력, 그것이 알고 싶다!

Q 독해력을 기르려면 무엇부터 해야 할까요?

A 다양한 글을 읽어야지요. 독해력은 하루아침에 길러지는 역량이 아닙니다. 하루에 한 편씩 짧은 글이라도 읽는 습관을 만들어 주는 것이 중요합니다. 또 자신이 읽은 글의 내용을 정리해 본다거나 한 문장으로 요약해 보는 습관을 기른다면 아주 효과적인 독해력 상승을 기대할 수 있습니다. 이 대목에서 '책 읽기'는 두말하면 입 아프겠지요? ^^;

Q 초등 입학 전에 독해 공부가 필요할까요?

A 초등학교에 입학해서 처음 보는 교과서는 기존에 봤던 그림책과는 구조와 수준이 달라서 급격하게 어려움을 느낄 수도 있습니다. 특히 문제 풀이에 어려움을 겪을 수 있으니 간단하고 짧은 글을 읽고, 내용을 이해했는지 가볍게 훑어보며 문제를 푸는 연습을 하면 초등 공부에 큰 도움이 될 것입니다.

Q 읽기는 하는데, 문제를 이해하지 못하는 것 같아요.

A 읽으면 바로 이해할 수 있는 쉬운 문제들도 있지만, 국어 개념이 바탕이 되어야 풀 수 있거나 보기를 읽고 두 번 세 번 확인해 봐야 답을 찾을 수 있는 독해 문제들도 많습니다. 문제를 이해하지 못한다는 것은 1차적으로는 그 문제를 출제한 의도를 파악하지 못하고 있다는 거고요. 그다음엔 어떻게 답을 찾아야 할지 방법을 모르고 있다는 것입니다. 독해도 일종의 기술이 필요한 공부거든요. 무턱대고 읽고 푼다고 해서 독해력이 생기는 것은 아닙니다. 글을 읽는 방법, 문제를 푸는 방법을 알고 있어야 보다 효과적으로 독해의 산을 넘을 수 있습니다.

Q 어휘력도 중요한 거 같은데, 어떻게 길러야 할까요?

A 어휘력은 독해력을 키우는 무기와 같습니다. 글을 잘 읽다가도 낯선 어휘에서 멈칫하거나 그 뜻을 파악하지 못해서 독해가 안되는 경우가 많거든요. 어휘력 역시 단번에 키우긴 어렵습니다. 그래서 독해 훈련을 통해 어휘력을 키우는 방법을 추천합니다. 글을 읽을 때 낯선 어휘를 만나면 문맥의 의미를 파악하는 연습을 꾸준히 하는 거죠. 그래도 모르는 낱말은 그냥 넘어가지 말고 국어사전을 찾아보는 습관을 들이세요.

Q 시중에 나와 있는 독해력 교재가 너무 많더라고요. 어떤 게 좋은 거죠?

A 단연 『기적의 독해력』을 꼽고 싶습니다만, 시중에 나와 있는 독해력 교재들이 모두 훌륭하더군요. 일단은 아이의 수준에 맞게 선택하는 게 가장 현명할 것입니다. 방법을 잘 몰라서 문제 풀이에 어려움을 겪는 친구들은 독해의 기본기를 다룬 쉬운 교재를, 어느 정도 독해가 가능한 친구들은 다양한 문제를 풀어 볼 수 있는 실전 교재를 선택해 보는 것이 좋습니다. (마침 『기적의 독해력』이 딱 그런 구성을 갖추고 있습니다.)

Q 『기적의 독해력』은 어떻게 바뀌었나요?

A 예비 초등(0학년)을 시작으로 6학년까지 학년별로 2권씩 구성되어 있습니다. 단계와 난이도가 종전보다 세분화되었는데요. 특히 독해 문제 풀이에 어려움을 겪는 친구들을 위해 독해 비법을 강화하여 독해의 기본기를 다진 후에 실전 문제로 실력을 완성시킬 수 있도록 구조화하였습니다.

기본편

실력편

기본편 은 독해의 시작이라 할 수 있는 기본서입니다. 학년별로 16가지의 독해 비법을 담고 있지요. 글의 종류에 따라 읽는 방법과 필수 유형 문제를 효과적으로 푸는 방법을 친절하게 안내하고 있어요.

실력편 은 독해의 완성이라 할 수 있는 실력서입니다. 교과 과정에 맞춘 실전 문제와 최상위 독해로 구성하여 앞서 배운 비법을 그대로 적용하면서 실력을 키울 수 있습니다.

Q 그럼 두 권을 같이 보나요?

A 독해 문제가 익숙하지 않은 친구는 기본편 으로 독해의 기초를 탄탄하게 쌓으면 되고요. 독해 문제가 익숙한 친구는 실력편 으로 단계를 올려서 실전에 대비하는 것도 필요합니다. 1학기는 기본편 으로, 2학기는 실력편 으로 촘촘하게 독해력을 키워 보는 것은 어떨까요?

Q 실력편 의 최상위 독해는 어떤 독해인가요?

A 최상위 독해는 복합 지문과 통합형 문제로 구성된 특별 코너입니다. 일반적인 독해가 단편적인 하나의 글을 읽고, 기본적인 문제를 풀어 가는 것이라면 실력편 5일 차에 수록된 복합 지문은 두 가지 이상의 글을 읽고 문제를 해결해야 하는 난이도가 높은 독해입니다. 같은 주제를 다루고 있는 두 편의 글이나 소재는 다르지만 종류는 같은 두 편의 글을 읽고, 통합 사고력 문제를 해결해야 해서 기존의 독해 문제보다는 조금 어려울 수 있습니다.
쉬운 글과 기본 문제만으로는 실력을 키우기 어렵지요. 자신의 수준보다 약간 어려운 문제도 해결하면서 실력을 월등하게 키워 나가길 바랍니다.

Q 『기적의 독서 논술』과는 어떤 차이가 있나요?

A 독해력이 모든 공부의 시작이라면, 독서 논술은 모든 공부의 완성이라 할 수 있습니다. 독해력이 단편적인 글을 읽고 이해하며 적용해 가는 훈련이라면, 독서 논술은 한 편의 긴 글을 읽고, 자신의 생각을 정리해서 표현해 보는 훈련 과정을 거치기 때문에 두 시리즈 모두 국어 실력 향상에는 꼭 필요한 교재랍니다. 한 학년에 독해력 2권, 독서 논술 2권이면 기본과 실력을 모두 갖추게 될 것입니다.

구성과 특징

01

하루 4쪽 DAY 학습

02

갈래별 독해 비법

이야기

시

정보가 담긴 글

의견이 담긴 글

03

3단계 독해 훈련

비법
∨
적용
∨
정리

1단계 | 독해 비법을 파악하라

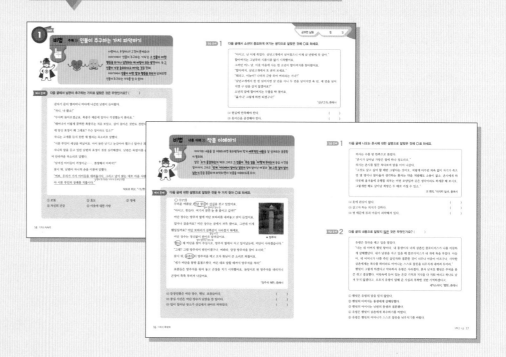

✌ 독해 비법

갈래별 4가지 독해 비법을 제시하였습니다.
'비법 걸'과 '비법 보이'의 설명에 따라 유형별 독해 비법을 꼭 확인하세요.

예시 문제

비법의 설명을 그대로 적용한 예시 문제를 풀어 보세요.
어떻게 풀어야 할지 감을 잡을 수 있어요.

연습 문제

비슷한 유형의 다른 문제를 풀면서 비법을 연습해 보세요.

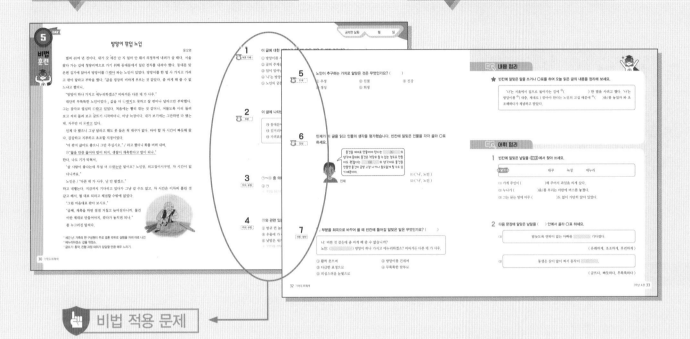

비법 적용 문제

독 (讀): 이야기, 시, 정보가 담긴 글, 의견이 담긴 글이 지문으로 제시됩니다. 다양한 분야의 글을 읽으면서 생각을 정리하고, 내용을 유기적으로 연결하는 훈련을 해 봅시다.

해 (解): 글의 내용을 제대로 이해했다면 풀 수 있는 핵심적인 문제를 출제하였습니다. 앞서 배운 독해 비법(방패 표시)을 떠올리며 제시된 문제를 해결해 봅시다.

낱말 미로

앞에서 학습한 어휘를 확인할 수 있도록 재미있는 퀴즈로 구성하였습니다.

내용 정리

글의 내용을 요약 정리합니다. 빈칸을 채우거나 알맞은 내용에 ○표 하며, 독해를 마무리합니다.

어휘 정리

글에 나온 주요 어휘들을 문제로 정리합니다. 독해의 무기라 할 수 있는 어휘력도 빵빵하게 충전하세요.

『기적의 독해력』은 글의 종류를 문학(이야기, 시)과 비문학(정보가 담긴 글, 의견이 담긴 글)으로 나누고, 8가지 독해력 평가 원리를 바탕으로 글의 종류에 알맞은 독해 유형을 비법으로 제시하였습니다.
한 학년당 16가지 필수 독해 비법을 집중 훈련하고, 전 학년에 걸쳐 96가지 비법을 모두 터득하면 초등 공부에 필요한 독해력을 완성할 수 있습니다.

		1학년	2학년	3학년
이야기 창작 동화 전래 동화 명작 동화 생활문, 수필 극본	내용 이해	등장인물 파악하기	내용 이해 / 인물이 한 일 파악하기	내용 이해 / 가리키는 말의 내용 파악하기
	어휘·표현	시간(장소)을 나타내는 말 파악하기	짜임 / 일이 일어난 차례 파악하기	짜임 / 원인과 결과 파악하기
	추론	인물의 모습 짐작하기	추론 / 인물의 마음 짐작하기	추론 / 생략된 내용 짐작하기
	적용·창의	이어질 내용 상상하기	감상 / 인물에게 하고 싶은 말 떠올리기	감상 / 일어난 일에 대한 생각 떠올리기
시 동시 동요 현대시 시조	주제	무엇에 대한 시인지 파악하기	주제 / 중심 글감 파악하기	주제 / 말하는 이의 생각 파악하기
	어휘·표현	흉내 내는 말 파악하기	어휘·표현 / 반복되는 말 파악하기	추론 / 분위기 파악하기
	추론	시에 나타난 마음 짐작하기	감상 / 비슷한 경험 떠올리기	감상 / 인상 깊은 부분 떠올리기
	감상	장면 떠올리기	적용·창의 / 표현 바꾸어 쓰기	적용·창의 / 말하는 이의 생각 적용하기
정보가 담긴 글 설명문 안내문, 기행문 전기문, 기사문 견학 기록문 조사 보고서	주제	중심 낱말 파악하기	주제 / 제목 붙이기	주제 / 중심 문장과 뒷받침 문장 파악하기
	내용 이해	설명 대상의 특징 파악하기	내용 이해 / 알게 된 내용 정리하기	내용 이해 / 사실과 의견 구별하기
	짜임	주요 내용 정리하기	짜임 / 중요한 내용 정리하기	어휘·표현 / 낱말의 관계 파악하기
	추론	알맞은 낱말 짐작하기	추론 / 알맞은 내용 짐작하기	짜임 / 글의 내용 간추리기
의견이 담긴 글 논설문 연설문, 광고 편지, 토론 제안하는 글 부탁하는 글	주제	글쓴이의 생각 파악하기	주제 / 글을 쓴 까닭 파악하기	주제 / 주장 파악하기
	내용 이해	글의 내용 파악하기	내용 이해 / 생각을 뒷받침하는 내용 파악하기	내용 이해 / 문제 상황 파악하기
	비판	글쓴이의 생각 판단하기	어휘·표현 / 표현의 의미 파악하기	추론 / 문장의 의미 짐작하기
	적용·창의	글쓴이의 생각 적용하기	비판 / 글쓴이의 생각과 내 생각 비교하기	비판 / 근거의 적절성 평가하기

독해력 평가 8원리

1 주제   **2** 내용 이해   **3** 어휘·표현   **4** 짜임   **5** 추론   **6** 비판   **7** 감상   **8** 적용·창의

4학년	5학년	6학년
주제 주제 파악하기	**주제** 인물이 추구하는 가치 파악하기	**내용 이해** 인물의 갈등 파악하기
내용 이해 인물, 사건, 배경 파악하기	**내용 이해** 작품 이해하기	**어휘·표현** 속담, 사자성어, 관용어 알기
추론 인물의 성격 파악하기	**추론** 시대 상황 추론하기	**짜임** 이야기의 짜임 파악하기
적용·창의 인물의 생각 적용하기	**감상** 인물의 생각 평가하기	**추론** 배경이 사건에 미치는 영향 파악하기
어휘·표현 감각적 표현 파악하기	**내용 이해** 내용 파악하기	**주제** 주제 파악하기
짜임 시의 짜임 파악하기	**어휘·표현** 비유적 표현 파악하기	**내용 이해** 작품 이해하기
추론 문장의 의미 추론하기	**추론** 말하는 이에 대해 추론하기	**추론** 함축적 의미 파악하기
감상 생각이나 느낌 떠올리기	**적용·창의** 시 바꾸어 쓰기	**적용·창의** 작품 비교하기
주제 글의 중심 생각 파악하기	**어휘·표현** 다의어, 동형어 알기	**내용 이해** 글의 특징 파악하기
어휘·표현 헷갈리기 쉬운 낱말 구분하여 쓰기	**짜임** 설명 방법 파악하기	**어휘·표현** 호응 관계에 맞게 문장 쓰기
짜임 설명하는 글의 짜임 파악하기	**추론** 어울리는 자료 짐작하기	**짜임** 글의 짜임 파악하기
추론 뒷받침 문장 짐작하기	**비판** 글의 신뢰성 판단하기	**적용·창의** 자료 적용하기
주제 글의 제목 정하기	**어휘·표현** 적절한 표현으로 바꾸어 쓰기	**주제** 글쓴이의 관점 파악하기
짜임 주장하는 글의 짜임 파악하기	**짜임** 근거를 든 방법 파악하기	**추론** 글의 내용을 바탕으로 추론하기
추론 주장에 어울리는 근거 찾기	**추론** 짜임에 맞게 내용 예측하기	**비판** 글쓴이의 관점 비판하기
비판 뒷받침 문장의 적절성 평가하기	**비판** 내용의 타당성 판단하기	**적용·창의** 새로운 상황에 적용하기

차례

이야기

1DAY 비법 1 인물이 추구하는 가치 파악하기 / 비법 2 작품 이해하기   14

2DAY 비법 3 시대 상황 추론하기 / 비법 4 인물의 생각 평가하기   18

3DAY 당찬 공녀 이야기   22

4DAY 박씨전   26

5DAY 방망이 깎던 노인   30

6DAY 쓰레기통을 뒤지는 아이   34

낱말 미로   38

쉬어가기   40

시

7DAY 비법 1 내용 파악하기 / 비법 2 비유적 표현 파악하기   42

8DAY 비법 3 말하는 이에 대해 추론하기 / 비법 4 시 바꾸어 쓰기   46

9DAY 달(이원수)   50

10DAY 혼자 있어 봐(이화주)   54

낱말 미로   58

쉬어가기   60

정보가 담긴 글

11DAY 비법 1 다의어·동형어 알기 / 비법 2 설명 방법 파악하기   62

12DAY 비법 3 어울리는 자료 짐작하기 / 비법 4 글의 신뢰성 판단하기   66

13DAY 나무의 쓰임새   70

14DAY 조선 시대의 궁녀   74

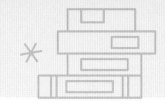

15DAY 오징어와 낙시 … 78

16DAY 광우병 … 82

낱말 미로 … 86

17DAY 화산 … 88

18DAY 간의 역할 … 92

19DAY 자전거의 종류와 구조 … 96

20DAY 울릉도를 다녀와서 … 100

21DAY 레이철 카슨 … 104

22DAY 열에 의한 물체의 부피 변화(조사 보고서) … 108

낱말 미로 … 112

쉬어가기 … 114

⭐ 의견이 담긴 글

23DAY 비법 1 적절한 표현으로 바꾸어 쓰기 / 비법 2 근거를 든 방법 파악하기 … 116

24DAY 비법 3 짜임에 맞게 내용 예측하기 / 비법 4 내용의 타당성 판단하기 … 120

25DAY 로봇세의 문제점 … 124

26DAY 노 키즈 존은 필요한가 … 128

27DAY 사형 제도는 폐지되어야 한다 … 132

28DAY 그린벨트를 지키자 … 136

29DAY 산에서는 소리를 지르지 말아 주세요 … 140

30DAY 나는 이상을 위해 죽을 각오가 되어 있습니다 … 144

낱말 미로 … 148

쉬어가기 … 150

출처

글

22쪽 「당찬 공녀 이야기」 | 왕입분 | 2021

34쪽 「쓰레기통을 뒤지는 아이」 | 왕입분 | 2021

＊그 외 작품은 한국문학예술저작권협회, 한국문예학술저작권협회의 동의를 얻어 책에 실었습니다.

이미지

16쪽 망주석 | 국립민속박물관

＊위에 제시되지 않은 이미지는 사용료를 지불하고 셔터스톡 코리아에서 대여했음을 밝힙니다.

＊길벗스쿨은 이 책에 실린 모든 글과 이미지의 출처를 찾기 위해 최선의 노력을 기울였습니다.
저작권자를 찾지 못해 허락을 받지 못한 글과 이미지는 저작권자가 확인되는 대로 통상의 사용료를 지불하겠습니다.

이야기

우리가 자주 읽는 전래 동화, 창작 동화, 수필 등은 모두 이야기예요. 이야기는 인물, 사건, 배경을 파악하며 읽어야 해요. 그리고 인물의 마음과 생각을 짐작해서 이야기의 주제도 파악해야 해요.

1 DAY

비법 주제 >> 인물이 추구하는 가치 파악하기

사랑이냐, 우정이냐? 그것이 문제로다!

이야기에서 '인물이 추구하는 가치'는 <u>그 인물이 어떤 행동을 하거나 실천하는 데 바탕이 되는 생각</u>이야. 즉 <u>그 인물이 가장 중요하다고 여기는 것</u>을 말해.

이야기에서 <u>인물이 어떤 말과 행동을 하는지</u> 살펴보면 인물이 추구하는 가치를 알 수 있어!

예시 문제 다음 글에서 남편이 추구하는 가치로 알맞은 것은 무엇인가요? (   )

갑자기 문이 열리더니 바다에 나갔던 남편이 들어왔다.

"자니, 나 왔소!"

"무사히 돌아오셨군요. 폭풍우 때문에 얼마나 걱정했는지 몰라요."

"태어나서 이렇게 끔찍한 폭풍우는 처음 보았소. 살아 돌아온 것만도 천만다행이지. 그런데 당신 표정이 왜 그래요? 무슨 일이라도 있소?"

자니는 고개를 들지 못한 채 떨리는 목소리로 말했다.

"시몬 부인이 세상을 떠났어요. 아이 둘만 남기고 눈감아야 했으니 얼마나 괴로웠을까요?"

자니의 말을 듣고 있던 남편의 표정이 점점 심각해졌다. 남편은 목덜미를 손으로 매만지며 안타까운 목소리로 말했다.

"남겨진 아이들이 걱정이군……. 불쌍해서 어쩌지?"

잠시 뒤, 남편이 자니의 손을 이끌며 말했다.

"<u>여보, 우리가 가서 아이들을 데려옵시다. 그리고 날이 밝는 대로 마을 사람들을 불러 모아 시몬 부인의 장례를 치릅시다.</u>"

<small>남편이 추구하는 가치가 드러난 부분</small>

빅토르 위고, 「가난한 사람들」 중에서

① 모험 　　　　② 효도 　　　　③ 명예

④ 자신의 건강 　　⑤ 이웃에 대한 사랑

연습 문제 **1** 다음 글에서 소년이 중요하게 여기는 생각으로 알맞은 것에 ○표 하세요.

> "아이고, 난 이제 죽었다. 삼년고개에서 넘어졌으니 이제 삼 년밖에 못 살아."
> 할아버지는 그날부터 시름시름 앓기 시작했어요.
> 그러던 어느 날, 이웃 마을에 사는 한 소년이 할아버지를 찾아왔어요.
> "할아버지, 삼년고개에서 또 굴러 보세요."
> "뭐라고, 이놈아? 나더러 금방 죽어 버리라는 거냐?"
> "삼년고개에서 한 번 넘어지면 삼 년을 사니 두 번을 넘어지면 육 년, 세 번을 넘어지면 구 년을 살지 않겠어요?"
> 소년의 말에 할아버지는 무릎을 탁 쳤어요.
> "옳거니! 그렇게 하면 되겠구나!"
>
> 「삼년고개」 중에서

(1) 현실에 만족해야 한다.   (   )

(2) 웃어른을 공경해야 한다.   (   )

(3) 긍정적으로 생각해야 한다.   (   )

연습 문제 **2** 다음 글에서 '돈'을 중요하게 여기는 인물은 누구인지 쓰세요.

> 한 손님이 옷 가게에서 바지를 사려고 입어 보았다. 바지의 허리가 조금 크고 길이도 조금 길었다. 손님은 점원에게 자기에게 꼭 맞는 치수의 바지를 찾아 달라고 했다. 그 모습을 보고 가게 주인이 점원을 불러 속삭이듯 말했다.
> "손님에게 꼭 맞는 치수의 바지는 다 팔리고 없어서 찾아도 소용없네. 그러니 손님에게 바지를 빨면 바지의 허리와 길이가 줄어들어 치수가 꼭 맞게 된다고 말하게."
> "싫어요. 그건 거짓말이잖아요!"
> 두 눈이 동그래진 점원이 가게 주인을 쳐다보며 말했다.
> "쉿, 목소리를 낮춰! 거짓말이 어때서 그런가? 돈을 벌려면 무슨 짓이라도 해야 하는 법이라네. 월급을 받고 싶으면 내 말대로 하게."
>
> 『탈무드』 중에서

(   )

비법 내용 이해 >> 작품 이해하기

이야기의 내용을 잘 이해하려면 육하원칙에 맞게 **세부적인 내용**을 잘 살펴보는 꼼꼼함이 필요해.

일단 ¹**누가 등장하는지** 체크! 그리고 **그 인물**이 ²**무슨 일을** ³**어떻게 꾸미는지** 중심 사건을 알아야지. 그리고 ⁴**언제** ⁵**어디에서 일어난 일인지** 일이 일어난 배경과 ⁶**왜 그런 일이 일어 났는지** 등을 꼼꼼하게 파악하면서 작품을 이해하도록 하자.

예시 문제 다음 글에 대한 설명으로 알맞은 것을 두 가지 찾아 ○표 하세요.

○: 등장인물

무더운 여름날, (비단 장수)가 산길을 걷고 있었어요.
　　　　　　　　　일이 일어난 장소 ①
"아이고, 힘들다. 여기서 잠깐 눈 좀 붙이고 갈까?"

비단 장수는 망주석 옆에 비단 보따리를 내려놓고 잠이 들었어요.

얼마나 잤을까요? 비단 장수는 잠에서 퍼뜩 깼어요. 그런데 이게

웬일일까요? 비단 보따리가 감쪽같이 사라졌지 뭐예요.
　　　　　　중심 사건
비단 장수는 정신없이 관아로 달려갔어요.
　　　　　일이 일어난 장소 ②
"(원님), 제 비단을 찾아 주십시오. 망주석 옆에서 자고 일어났는데, 비단이 사라졌습니다."

"그래? 그럼 망주석이 범인이겠구나. 여봐라, 당장 망주석을 잡아 오너라."

잠시 뒤, (포졸들)이 망주석을 메고 오자 원님이 큰 소리로 외쳤어요.

"네가 비단을 몽땅 훔쳤으렷다. 바른 대로 말할 때까지 망주석을 쳐라!"

포졸들은 망주석을 묶어 놓고 곤장을 치기 시작했어요. 돌덩이로 된 망주석을 내리치니

곤장이 뚝뚝 부러져 나갔어요.

▲ 망주석

「망주석 재판」 중에서

(1) 등장인물은 비단 장수, 원님, 포졸들이다. 　　　　　　　　　　　　(　　)

(2) 중심 사건은 비단 장수가 낮잠을 잔 일이다. 　　　　　　　　　　　(　　)

(3) 일이 일어난 장소가 산길에서 관아로 바뀌었다. 　　　　　　　　　(　　)

연습 문제 **1** 다음 글에 나오는 존시에 대한 설명으로 알맞은 것에 ○표 하세요.

> 의사는 수를 방 한쪽으로 불렀다.
> "존시가 살아날 가망은 열에 하나 정도라오."
> 의사는 존시를 힐끗 쳐다보며 말을 이어 나갔다.
> "그것도 살고 싶어 할 때만 그렇다는 것이오. 저렇게 아무런 의욕 없이 자기가 죽으면 몇 명이나 찾아올까 생각하는 환자는 약을 처방해도 소용이 없소. 존시에게 하다못해 올겨울에 유행할 외투는 어떤 모양일까 같은 생각이라도 하게끔 해 보시오. 그렇게만 해도 살아날 희망은 두 배로 커질 수 있소."
>
> 오 헨리, 「마지막 잎새」 중에서

(1) 옷에 관심이 많다.   (   )

(2) 살고자 하는 의지가 강하다.   (   )

(3) 병 때문에 몸과 마음이 쇠약해져 있다.   (   )

연습 문제 **2** 다음 글의 내용으로 알맞지 <u>않은</u> 것은 무엇인가요? (   )

> 유령은 침묵을 깨고 입을 열었다.
> "나는 네 아버지 햄릿 왕이다. 내 동생이자 너의 삼촌인 클로디어스가 나를 비참하게 살해했단다. 내가 낮잠을 자고 있을 때 클로디어스가 내 귀에 독을 부었다. 아들아, 네 어머니가 나를 죽인 살인자와 결혼한 것이 너무나 마음이 아프구나. 사악한 삼촌에게는 복수를 하더라도 어머니는 스스로 잘못을 뉘우치게 내버려 두어라."
> 햄릿이 그렇게 하겠다고 약속하자 유령은 사라졌다. 혼자 남겨진 햄릿은 주먹을 불끈 쥐고 결심했다. 머릿속에 들어 있는 온갖 기억과 지식을 다 지워 버리고 하나도 남겨 두지 않겠다고. 오로지 유령이 말해 준 사실과 부탁한 것만 기억하겠다고.
>
> 셰익스피어, 「햄릿」 중에서

① 햄릿은 유령의 말을 믿지 않았다.

② 햄릿의 아버지는 동생에게 살해당했다.

③ 햄릿의 어머니는 남편의 동생과 결혼했다.

④ 유령은 햄릿이 삼촌에게 복수하기를 바랐다.

⑤ 유령은 햄릿의 어머니가 스스로 잘못을 뉘우치기를 바랐다.

2 DAY

비법 추론 >> **시대 상황 추론하기**

왼쪽의 책상과 의자는 지금 너희가 쓰는 것과는 좀 다르지? 이야기 속에는 그 시대 상황을 드러내는 여러 가지 장치가 나와. 그래서 시대 상황을 추론하려면 **시간적 배경과 공간적 배경을 나타내는 낱말이나 상황을 파악하면서 인물의 말이나 행동, 사건을 살펴봐야 해.** 그 당시와 지금의 모습을 비교하면 내용을 더 잘 이해할 수 있을 거야.

예시 문제 다음 글에 나타난 시대 상황으로 알맞지 <u>않은</u> 것은 무엇인가요? (   )

> 나는 학교 가는 길에 사람들이 면사무소의 게시판에 모여 있는 것을 보았다. 나는 급히 학교로 달려가며 생각했다.
>
> '지난 2년간 저 게시판에는 <u>우리 프랑스가 전쟁에 지고 있다거나, 사람이나 물자를 강제로 모은다는</u> 안 좋은 소식만 붙어 있었어. 그런데 또 무슨 일이 생긴 걸까?'
> 시대적 상황이 나타난 부분 ①
>
> 나는 숨을 헐떡이며 학교에 도착했지만 지각한 것이 부끄러워 고개를 푹 숙이고 교실로 들어갔다. 그런데 웬일로 아멜 선생님은 전혀 화를 내지 않고 나지막이 말씀하셨다.
>
> "프란츠, 너를 빼놓고 수업을 시작할 뻔했구나. 어서 자리에 가서 앉아라."
>
> 잠시 뒤, 아멜 선생님이 교단에 서서 엄숙한 목소리로 말씀하셨다.
>
> "오늘은 내가 여러분과 함께하는 마지막 프랑스어 수업 시간입니다. <u>앞으로 알자스와 로렌 지방에 있는 학교에서는 독일어만 가르치라는 명령이 독일 베를린에서 왔습니다.</u> 내
> 시대적 상황이 나타난 부분 ②
> 일 새로운 독일어 선생님이 오실 겁니다. 오늘 수업에 최선을 다해 주기를 바랍니다."
>
> 알퐁스 도데, 「마지막 수업」 중에서

① 프랑스가 전쟁을 치르고 있었다.
② 프랑스는 독일의 명령에 따라야 했다.
③ 독일어를 배우려는 프랑스인이 많았다.
④ 사람이나 물자를 강제로 모으기도 했다.
⑤ 알자스와 로렌 지방에 있는 학교에서 프랑스어를 배울 수 없게 되었다.

연습 문제 1 다음 글을 읽고 추론할 수 있는 시대 상황으로 알맞은 것에 ◯표 하세요.

> 줄리엣은 깜깜한 정원에서 웬 남자 목소리가 들리자 깜짝 놀랐다. 그러나 로미오가 다시 입을 열자 금세 누군지 알아챘다.
> "로미오, 친척들 눈에 띄면 어쩌려고 여기까지 왔나요? 당신이 우리 집안의 원수인 몬터규 집안 사람이라는 이유만으로 죽게 될 수도 있어요."
> "걱정 말아요. 당신이 내게 친절한 눈길만 보내 준다면 어떤 적도 두렵지 않아요. 당신이 사랑해 주지 않는다면 차라리 그 사람들 손에 죽는 게 나아요."
>
> 셰익스피어, 「로미오와 줄리엣」 중에서

⑴ 친척끼리는 서로 모른 척하며 지냈다.   (   )

⑵ 원한을 품은 집안의 사람을 죽이기도 했다.   (   )

⑶ 남녀 모두 자신의 마음을 자유롭게 표현할 수 없었다.   (   )

연습 문제 2 ㉠~㉢ 중 당시에 신분 차별이 있었음을 알 수 있게 해 주는 것의 기호를 쓰세요.

> ㉠"우리가 평생 남원에서 살 줄 알았느냐? 내일 오전에 떠나야 하니 어서 짐을 꾸려라."
> 이 도령은 감히 아버지의 명을 거스르지 못하고 어머니를 찾아갔다. 그리고 어머니 앞에 무릎을 꿇고 간곡하게 부탁했다.
> ㉡"어머니, 제발 춘향이도 함께 가게 해 주세요."
> 그러나 믿었던 어머니는 도리어 이 도령을 꾸짖었다.
> ㉢"양반 가문의 자식이 *기생의 딸과 결혼을 한다는 것이 말이 되느냐? 한양에 올라가면 이곳에서 맺었던 인연은 다 잊게 될 테니 걱정 마라."
>
> 「춘향전」 중에서
>
> *기생: 잔치나 술자리에서 손님에게 술을 따라 주며, 노래와 춤으로 흥을 돋우는 것을 직업으로 하던 여자.

(   )

비법 감상 >> 인물의 생각 평가하기

먼저 누가 나오는지 체크하고, **인물의 말과 행동을 통해서** 인물의 생각을 알아내는 거야. 인물의 생각을 평가할 때는 **인물이 겪은 일과 비슷한 경험을 떠올려서** 인물의 생각에 대한 자신의 생각을 말하면 돼. 이때 **자신이 작품 속 인물이라면 어떻게 했을지** 생각해 보는 것도 좋아.

예시 문제 다음 글에 나오는 인물의 생각을 알맞게 평가한 친구를 찾아 ○표 하세요.

남편은 마틸드가 초대장을 보면 무척 기뻐할 것이라고 생각했지만 마틸드의 표정은 어두
등장인물 ①   등장인물 ②
웠다.

"마틸드, 장관님이 여는 파티에 가고 싶어 했잖소. 내가 이 초대장을 구하려고 얼마나 애

를 썼는데……."

마틸드는 남편을 노려보며 톡 쏘아붙였다.

"다들 화려하게 차려입고 올 텐데 나는 뭘 입고 가라는 거예요?"
마틸드의 생각이 나타난 부분
그제야 마틸드의 마음을 알아차린 남편이 조심스럽게 말했다.

"지난번 극장에 갈 때 입었던 옷도 좋아 보이던데……."

"신경 쓰지 마세요. 난 입고 갈 옷이 없어서 가지 않을 거예요."

마틸드의 말을 듣고 남편은 깊은 고민에 빠졌다.

'옷 때문에 울다니 여자의 마음은 이해할 수 없군.'
남편의 생각이 나타난 부분
남편은 마틸드를 달래기 위해 옷을 사 주기로 했다.

모파상, 「목걸이」 중에서

(1) 나희: 파티에 갈 때 옷차림을 중요하게 여기는 남편의 생각에 동의해. 때와 장소에 맞게 옷을 입는 것도 중요하기 때문이야. (   )

(2) 진성: 파티에 가려면 화려하게 차려입어야 한다는 마틸드의 생각에 동의할 수 없어. 화려하지 않아도 깔끔하고 단정하게 옷을 입으면 된다고 생각해. (   )

다음 글에 나오는 인물의 생각을 평가했습니다. 빈칸에 알맞은 인물을 각각 쓰세요.

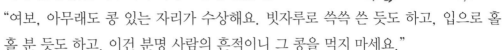

장끼 눈에 먹음직스러운 콩 한 알이 들어왔다.

"이것도 다 내 복이구나. 어서 먹어 보자."

이때 옆에 있던 까투리가 걱정스럽게 말했다.

"여보, 아무래도 콩 있는 자리가 수상해요. 빗자루로 쓱쓱 쓴 듯도 하고, 입으로 홀홀 분 듯도 하고. 이건 분명 사람의 흔적이니 그 콩을 먹지 마세요."

"그게 무슨 말이오? 이 엄동설한에 이런 눈을 뚫고 누가 여기까지 온단 말이오? 보시오. 여기 새 발자국조차 없지 않소."

"어젯밤에 꾼 꿈이 영 불길해요. 그러니 제발 그 콩을 먹지 마세요."

「장끼전」 중에서

＊엄동설한(嚴冬雪寒): 눈 내리는 깊은 겨울의 심한 추위.

무언가 의심스러울 때는 조심스럽게 행동해야 한다는 (1)(　　　　)의 생각에 동의해. (2)(　　　　)처럼 경솔하게 행동하면 위험에 빠질 수도 있기 때문이야.

㉠에 나타난 왕자의 생각을 알맞게 평가한 친구는 누구인가요? (　　　　)

"어머니, 왜 울고 계세요? 제가 죽을 거라고 생각하세요?"

왕자의 말에 왕비는 목이 메어 아무 말도 못 했습니다.

"어머니, 제발 울지 마세요. 왕자는 이렇게 죽지 않아요."

왕비는 더욱더 흐느껴 울었습니다.

㉠"저는 죽음이 절대로 가까이 오지 못하게 막을 수 있어요. 당장 힘센 병사에게 제 주위를 지키라고 해 주세요. 그래도 죽음이 가까이 오면 제가 호통칠 거예요!"

알퐁스 도데, 「왕자의 죽음」 중에서

① 다영: 나도 죽음이 두려워서 어머니를 원망했을 거야.

② 찬규: 죽음에 굴복하지 않고 당당히 맞서려는 생각이 훌륭해.

③ 보미: 어머니를 대신해 자신이 죽기로 생각하다니 효심이 대단해.

④ 형우: 내가 왕자라면 어머니께서 더 오래 사실 것이라고 희망적인 생각을 했을 거야.

⑤ 강산: 어머니께서 놀라실까 봐 자신이 죽는다는 것을 숨기려는 생각을 이해할 수 있어.

당찬 공녀 이야기

<앞 이야기>

고려 공민왕 때인 1340년, 가난한 평민의 딸 연화는 원나라에 공녀로 끌려가 황족의 집에서 허드렛일을 하게 되었다. 어느 날, 한 공녀가 황족의 부인에게 먹을 것을 조금만 더 달라고 했다가 그 집에서 일하는 모든 공녀가 사흘을 굶는 벌을 받게 되었다.

그날 밤, 노비 *처소에서는 공녀들이 잠도 자지 않고 이야기를 나누고 있었다.

"비록 우리가 힘없는 나라의 백성이라 이곳에 끌려왔지만 계속 이렇게 살 수는 없어요!"

원나라에서 공녀는 노예나 다름없는 처지였음에도 늘 *자존감을 잃지 않던 연화가 다른 공녀들을 향해 단호하고 힘 있는 목소리로 말했다.

"그럼 어쩔 건데? 뭐 뾰족한 방도라도 있어? 설마 단체로 항의하자는 건 아니겠지?"

탄실은 연화의 말이 어처구니없다는 듯 비웃었다.

원나라에서 고려의 백성으로서 공녀들이 겪는 수모가 이만저만이 아니었기에 대부분의 공녀들은 연화의 말에 공감했다. 하지만 탄실을 비롯한 몇몇 공녀들은 생각이 달랐다.

"왜 항의를 하면 안 되나요? 일은 죽을 만큼 시키면서 우리가 먹는 거, 입는 거까지 아까워 벌벌 떠는데……."

"맞아! 이건 너무 부당해. 우리가 일을 얼마나 많이 하는데……."

한 공녀가 연화 편을 들자 탄실이 성난 표정으로 버럭 소리를 질렀다.

"죽으려면 혼자 죽어! 오늘 못 봤어? 쟤 때문에 우리까지 쫄쫄 굶게 생겼잖아. 가뜩이나 요즘 먹는 게 줄어서 배고파 죽을 판인데 사흘이나 굶게 생겼다고! 사흘이나!"

탄실은 오늘 황족의 부인에게 먹을 것을 더 달라고 했던 공녀를 씩씩거리며 노려보았다.

"우리가 ㉠대동단결하면 적어도 오늘과 같은 일은 막을 수 있을 거예요. 나라는 우리를 지켜 주지 못했지만 우리라도 우리 스스로를 지켜 내야 하지 않겠어요? 혼자서는 힘들어도 힘을 합치면 가능하다고 생각해요."

연화가 탄실을 설득하려 하자 탄실을 따르던 공녀 하나가 못마땅한 듯 끼어들었다.

"말 같지도 않은 소릴 하고 있네! 그런 생각일랑은 애초에 하지도 말라고! 너희들 때문에 나까지 피해 보고 싶지 않으니까! 그러기만 해 봐 아주! 내가 가만히 있나?"

탄실을 따르는 무리의 반대가 완강해서 연화는 더 말을 꺼낼 수가 없었다. 하지만 공녀들이 서로 힘을 합친다면 지금의 상황을 변화시킬 수 있을 것이라는 믿음에는 변함이 없었다.

* 공녀: 고려·조선 시대에, 중국 원나라·명나라의 요구로 여자를 바치던 일. 또는 그 여자.

* 원나라: 1271년에 몽고 제국의 제5대 황제 쿠빌라이가 대도를 수도로 정하고 세운 나라.

* 처소: 사람이 살거나 잠깐 머무르는 곳.

* 자존감: 스스로 자기를 소중히 대하며 품위를 지키려는 감정.

1 내용 이해

이 글에 대한 설명으로 알맞지 않은 것은 무엇인가요? (   )

① 중심인물은 연화이다.

② 글의 주제는 남녀평등이다.

③ 시간적 배경은 고려 시대이다.

④ 공간적 배경은 원나라 황족의 집이다.

⑤ 연화와 탄실 사이의 갈등이 드러나 있다.

2 추론

이 글에 나타난 시대 상황으로 알맞은 것을 두 가지 찾아 기호를 쓰세요.

㉮ 원나라는 고려보다 힘이 셌다.

㉯ 공녀들은 원나라에 가서 귀한 대접을 받았다.

㉰ 고려는 원나라의 요구에 따라 여자들을 원나라에 바쳤다.

(   )

☆ 고려가 왜 원나라로 공녀를 보냈는지, 공녀들은 원나라에서 어떤 대접을 받았는지 파악해 봐.

3 어휘·표현

㉠'대동단결'의 뜻으로 알맞은 것에 ○표 하세요.

(1) 남의 말을 귀담아듣지 않고 흘려버림.   (   )

(2) 서로 속마음을 털어놓고 친하게 사귐.   (   )

(3) 여러 집단이나 사람이 어떤 목적을 이루려고 크게 한 덩어리로 뭉침.   (   )

4 주제

이 글의 내용으로 보아, 연화가 중요하게 생각하는 것을 찾아 ○표 하세요.

(1) 정직한 삶 (   )

(2) 정당한 대우 (   )

(3) 나라에 대한 믿음 (   )

(4) 원나라에 대한 의리 (   )

5

다음 사건의 원인으로 알맞은 것에 ○표 하세요.

> 연화가 공녀들에게 힘을 합쳐 부당한 대우에 항의하자고 했다.

(1) 원나라가 고려에 더 많은 여자를 바치라고 요구했다. ( )

(2) 연화는 평소에 공녀들이 자기밖에 모른다고 생각했다. ( )

(3) 먹을 것을 더 달라고 한 공녀 때문에 모든 공녀가 사흘을 굶게 되었다. ( )

6 감상

이 글에 나온 인물의 생각을 알맞게 평가한 친구의 이름을 쓰세요.

부당한 대우를 더 이상 참지 말고 고려로 도망치자는 탄실의 생각은 무모해. 만약 일이 잘못되면 공녀 모두 위험에 빠질 수 있어.

성빈

어렵고 힘든 상황에 대해 모두 힘을 합쳐 극복하자는 연화의 생각을 지지해. 연화의 생각처럼 하지 않으면 공녀들의 힘든 삶은 나아지지 않을 거야.

유라

( )

7 적용·창의

다음은 이 글을 읽고 찾아본 역사적 사실입니다. 글을 읽고 알맞게 말한 친구를 찾아 ○표 하세요.

> 고려가 원의 간섭을 받았던 시기에 공녀들은 원에 끌려가서 큰 수모를 당하거나 힘든 생활을 했다. 그래서 고려 백성들은 딸을 공녀로 보내지 않기 위해 일찍 결혼시키기도 했다. 이때부터 딸을 일찍 결혼시키는 조혼의 풍습이 유행했다. 조혼이 유행하면서 공녀로 보낼 여성이 줄어들자, 고려 조정에서는 결혼할 때 허가를 받도록 하는 법을 만들었다.

(1) **지민**: 결혼을 하면 공녀로 가지 않을 수 있었구나. ( )

(2) **진태**: 고려 백성들은 가족보다 나라를 더 소중히 여겼구나. ( )

(3) **현아**: 고려 조정은 원나라에 공녀를 보내지 않기 위해 노력했구나. ( )

☆ 조혼의 풍습과 결혼할 때 허가를 받도록 한 법을 통해 알 수 있는 점을 생각해 봐.

📝 내용 정리

⭐ 빈칸에 알맞은 말을 쓰거나 ○표를 하여 오늘 읽은 글의 내용을 정리해 보세요.

> 한 공녀가 먹을 것을 더 달라고 했다가 모든 공녀가 사흘을 굶는 벌을 받게 되었다. 이에 연화는 ❶(   )들에게 서로 힘을 합쳐 ❷(   )나라 황족의 부당한 대우에 항의하자고 했다. 하지만 ❸(탄실, 황족의 부인)을 따르는 무리가 완강히 반대했다.

🔍 어휘 정리

1 다음 문장에 알맞은 낱말을 (   ) 안에서 골라 ○표 하세요.

⑴ 나는 친구의 부탁을 (단란하게, 단호하게) 거절했다.

⑵ 우리 민족은 일본의 모진 (수모, 추모)를 꿋꿋이 이겨 냈다.

⑶ 엄마께서는 설거지와 청소 등 (밭일, 허드렛일)을 하며 힘들게 돈을 버셨다.

2 밑줄 친 낱말과 바꾸어 쓸 수 있는 낱말을 ◦보기◦에서 찾아 쓰세요.

◦보기◦	형편	방법	처음

⑴ 그 일은 <u>애초</u>부터 불가능했다.   (   )

⑵ 문제를 해결할 다른 <u>방도</u>는 없을까요?   (   )

⑶ 아이는 가족과 떨어져 살아야 하는 딱한 <u>처지</u>가 되었다.   (   )

박씨전

혼례를 마치고 저녁이 되자 시백은 드디어 신부 박씨의 방에 들어갔다. 그때까지 신부의 얼굴을 보지 못했던 시백은 떨리는 마음으로 신부의 얼굴을 가린 천을 벗겼다. 그 순간 시백의 입에서 비명이 터져 나왔다. 신부의 얼굴이 너무나 흉측*했기 때문이다. 시백의 비명을 듣고 달려온 이 대감도 박씨를 보고 ⟨ ㉠ ⟩ 할 말을 잃었다. 정신이 아득하고 쓰러질 지경이었다. 이 대감은 곧 정신을 차리고 곰곰이 생각했다.

'저 정도 외모라면 남의 집에 시집보내지 못할 터인데, 박 처사가 내게 혼인을 맺자 한 데에는 그럴 만한 까닭이 있을 거야. 겉모습은 그러하지만 우리와 다를 바 없는 사람 아닌가. 내가 며느리를 소중히 여겨 우리 집안을 복되게 해야겠다.'

㉡ ⎡ 그날 밤부터 시백은 어쩔 수 없이 박씨의 방에 들어가 함께 지냈다. 그러나 박씨의 얼굴을 보면 그저 도망치고 싶을 뿐이었다. 시백은 방 한구석에서 벽을 보고 앉아 밤을 새우다가 새벽닭이 울면 아버지에게 아침 인사를 드린다며 냉큼 방을 나갔다. 이 대감은 이런 사정을 모르고 아들이 며느리와 잘 지내는 줄 알고 기쁨을 감추지 못했다.

하루는 박씨가 시아버지인 이 대감을 찾아가 말했다.

"아버님, 제 얼굴이 못나고 덕이 없어 남편의 사랑을 받지 못해 집안이 화목하지 못합니다. 뒤뜰에 작은 방 한 칸을 지어 주시면 그곳에 몸을 감추고 살고 싶습니다."

이 대감은 며느리가 안쓰러워 눈가에 눈물이 그렁그렁 맺혔다. 흉측한 외모 때문에 남편은 물론 집에서 부리는 하인들의 손가락질*까지 받아야 하는 며느리가 안타깝기만 했다.

"내가 차차 생각해 보겠다."

박씨가 방을 나가자 이 대감은 곧바로 아들을 불러 크게 꾸짖었다.

"내가 입에 침이 마르도록 말했건만 너는 어찌하여 아비 말을 듣지 않는 것이냐? 옛말에 나라가 어지러우면 어진* 신하를 생각하고, 집안이 시끄러우면 어진 처를 생각한다고 하였다. 그런데 너는 복을 물리치고 화를 구하는구나. 이러다가 슬픔을 못 이긴 네 부인이 스스로 목숨을 끊기라도 하면 어쩌려고 이러느냐? 너는 대체 무슨 생각으로 외모만 보고 착한 성품을 가진 네 처를 물리치는 것이냐!"

＊흉측했기: 모습이 보기에 기분이 나쁠 만큼 몹시 흉하고 거칠었기.
＊손가락질: 얕보거나 흉보는 짓.
＊어진: 마음이 너그럽고 착하며 슬기롭고 덕이 높은.

1 이 글에서 박씨와 갈등을 겪는 인물을 찾아 ○표 하세요.

내용 이해

(1) 시백　　（　　　）　　(2) 이 대감　　（　　　）　　(3) 박 처사　　（　　　）

2 이 글에 나타난 시대 상황으로 알맞은 것을 두 가지 고르세요. （　　　　　）

추론

① 집에 하인을 두기도 했다.

② 며느리는 시아버지와 대화할 수 없었다.

③ 남자는 새벽닭이 울 때까지 잠을 잘 수 없었다.

④ 결혼을 하면 신랑은 신부의 집에서 살아야 했다.

⑤ 신랑과 신부가 서로의 얼굴을 모르고 결혼하기도 했다.

┌→ 둘 이상의 낱말이 어울려 원래의 뜻과는 전혀 다른 새로운 뜻으로 굳어져서 쓰이는 표현을 말해.

3 ㉠에 들어갈 관용어로 알맞은 것은 무엇인가요? （　　　）

어휘·표현

① 기가 차서　　　　　　　　② 손이 빨라서

③ 눈을 밝혀서　　　　　　　④ 코가 납작해져서

⑤ 귀가 번쩍 뜨여서

☆ 이 대감이 박씨를 보고 어떤 마음이었을지 생각해 봐.

4 ㉡에서 박씨의 마음은 어떠할까요? （　　　）

추론

① 궁금하고 설렐 것이다.　　　　② 우울하고 슬플 것이다.

③ 흥미롭고 신기할 것이다.　　　④ 따분하고 지루할 것이다.

⑤ 벅차고 희망적일 것이다.

5 주제 시백이 추구하는 가치로 알맞은 것은 무엇인가요? (   )

① 나라를 위해 충성하는 것

② 가족을 위해 헌신하는 것

③ 높은 벼슬자리에 오르는 것

④ 물질적으로 풍족하게 사는 것

⑤ 외적인 아름다움을 중요시하는 것

6 감상 이 대감의 생각을 알맞게 평가한 친구는 누구인지 쓰세요.

> 소미: 이 대감은 시백이 박씨와 잘 지내야 한다고 생각했어. 아들의 잘못을 무조건 눈
> 감아 주려는 것은 옳지 않아.
>
> 현진: 이 대감은 시백이 남편의 도리보다 신하의 도리를 먼저 다해야 한다고 생각했
> 어. 나라가 어지러운 상황이므로 이 대감의 생각은 당연해.
>
> 대희: 이 대감은 비록 박씨의 얼굴이 흉측하지만 소중히 여겨야 한다고 생각했어. 겉
> 모습보다 내면의 아름다움을 중요하게 여기는 이 대감의 생각은 옳아.

(   )

7 적용·창의 박씨의 성격이 다음과 같이 바뀐다면 글의 내용이 어떻게 바뀔지 알맞은 것에 ○표 하세요.

> 이기적이고 급한 성격

(1) 박씨가 시백과 하인들을 피해 다닐 것이다.   (   )

(2) 박씨가 방에 처박혀 날마다 울면서 지낼 것이다.   (   )

(3) 박씨가 자신을 멀리하는 시백에게 화를 내며 따질 것이다.   (   )

☆ 박씨가 이기적이고 급한 성격이라면 다른 사람에게 어떻게 할지 생각해 봐.

내용 정리

⭐ 빈칸에 알맞은 말을 쓰거나 ○표를 하여 오늘 읽은 글의 내용을 정리해 보세요.

> 시백은 박씨와 ❶(   )을/를 하고 난 뒤 처음으로 박씨의 얼굴을 보게 되었다. 시백은 박씨의 ❷(흉측한, 아름다운) 얼굴을 보고 박씨를 멀리했다. 그러자 이 대감이 박씨의 외모만 보고 ❸(모난, 착한) 성품을 보지 못하는 시백을 크게 꾸짖었다.

어휘 정리

1 빈칸에 알맞은 낱말을 ○보기○에서 찾아 쓰세요.

> ○보기○   흉측   비명   손가락질

(1) 동생은 벌레를 보고 (   )을 질렀다.

(2) 사람들은 거짓말을 하는 그에게 (   )을 했다.

(3) 영화에 나오는 거인은 (   )한 생김새 때문에 숲속에 혼자 살았다.

2 밑줄 친 관용어의 뜻으로 알맞은 것에 ○표 하세요.

> "내가 입에 침이 마르도록 말했건만 너는 어찌하여 아비 말을 듣지 않는 것이냐?"

(1) 어찌할 바를 몰라 아득하다.   (   )

(2) 다른 사람이나 물건에 대하여 거듭해서 말하다.   (   )

(3) 시끄러운 소리나 자기에게 불리한 말을 하지 못하게 하다.   (   )

방망이 깎던 노인

윤오영

벌써 40여 년 전이다. 내가 갓 *세간 난 지 얼마 안 돼서 의정부에 내려가 살 때다. 서울 왔다 가는 길에 청량리역으로 가기 위해 동대문에서 일단 전차를 내려야 했다. 동대문 맞은편 길가에 앉아서 방망이를 ㉠깎아 파는 노인이 있었다. 방망이를 한 벌 사 가지고 가려고 깎아 달라고 부탁을 했다. 『값을 굉장히 비싸게 부르는 것 같았다. 좀 싸게 해 줄 수 없느냐고 했더니,

"방망이 하나 가지고 *에누리하겠소? 비싸거든 다른 데 가 사우."

대단히 무뚝뚝한 노인이었다.』값을 더 ㉡깎지도 못하고 잘 깎아나 달라고만 부탁했다. 그는 잠자코 열심히 ㉢깎고 있었다. 처음에는 빨리 깎는 것 같더니, 저물도록 이리 돌려 보고 저리 돌려 보고 *굼뜨기 시작하더니, 마냥 늑장이다. 내가 보기에는 그만하면 다 됐는데, 자꾸만 더 ㉣깎고 있다.

인제 다 됐으니 그냥 달라고 해도 못 들은 척 대꾸가 없다. 타야 할 차 시간이 빠듯해 왔다. 갑갑하고 지루하고 초조할 지경이었다.

"더 깎지 않아도 좋으니 그만 주십시오." / 라고 했더니 화를 버럭 내며,

㉮"끓을 만큼 끓어야 밥이 되지, 생쌀이 재촉한다고 밥이 되나."

한다. 나도 기가 막혀서,

"살 사람이 좋다는데 무얼 더 ㉤깎는단 말이오? 노인장, 외고집이시구먼. 차 시간이 없다니까요."

노인은 / "다른 데 가 사우. 난 안 팔겠소."

하고 내뱉는다. 지금까지 기다리고 있다가 그냥 갈 수도 없고, 차 시간은 어차피 틀린 것 같고 해서, 될 대로 되라고 체념할 수밖에 없었다.

"그럼 마음대로 깎아 보시오."

"글쎄, 재촉을 하면 점점 거칠고 늦어진다니까. 물건이란 제대로 만들어야지, 깎다가 놓치면 되나."

좀 누그러진 말씨다.

*세간 난: 가족의 한 구성원이 주로 결혼 따위로 살림을 차려 따로 나간.
*에누리하겠소: 값을 깎겠소.
*굼뜨기: 동작, 진행 과정 따위가 답답할 만큼 매우 느리기.

1

내용 이해

이 글에 대한 설명으로 알맞지 <u>않은</u> 것을 두 가지 고르세요. (   )

① 방망이를 사람인 것처럼 표현했다.

② 글의 주제는 장인 정신의 숭고함이다.

③ 일이 일어난 장소는 나타나 있지 않다.

④ '나'는 방망이 깎던 노인과 있었던 일을 회상하고 있다.

⑤ 노인의 굼뜬 태도와 '나'의 성급함 때문에 갈등이 시작되었다.

2

추론

이 글에 나타난 시대 상황으로 알맞은 것의 기호를 쓰세요.

> ㉠ 동대문에 전차가 다녔다.
>
> ㉡ 길거리에서 물건을 팔 수 없었다.
>
> ㉢ 가격표를 상품에 붙이고 그 가격대로 팔도록 하는 가격 정찰제가 시행되었다.

(   )

3

어휘·표현

㉠~㉣ 중 의미가 <u>다른</u> 하나는 무엇인가요? (   )

① ㉠   ② ㉡   ③ ㉢   ④ ㉣   ⑤ ㉤

☆ 무엇을 깎는다고 했는지 잘 살펴봐.

4

어휘·표현

㉮와 관련 있는 속담은 무엇인가요? (   )

① 방귀 뀐 놈이 성낸다   ② 바늘 가는 데 실 간다

③ 우물에 가 숭늉 찾는다   ④ 원숭이도 나무에서 떨어진다

⑤ 낮말은 새가 듣고 밤말은 쥐가 듣는다

☆ 무언가를 재촉하는 상황과 어울리는 속담을 찾아봐.

5

노인이 추구하는 가치로 알맞은 것은 무엇인가요? (   )

① 우정   ② 친절   ③ 건강
④ 정성   ⑤ 희생

6

민재가 이 글을 읽고 인물의 생각을 평가했습니다. 빈칸에 알맞은 인물을 각각 골라 ○표 하세요.

> 물건을 제대로 만들어야 한다는   (1)   의 생각에 동의해. 물건은 적당히 쓸 수 있는 정도로 만들어도 괜찮다는   (2)   의 생각대로 물건을 만들면 물건이 금방 고장 나거나 쓸모없게 될 수도 있기 때문이야.
>
> 민재

(1) ('나', 노인)

(2) ('나', 노인)

7

『 』부분을 희곡으로 바꾸어 쓸 때 빈칸에 들어갈 알맞은 말은 무엇인가요? (   )

> 나: 비싼 것 같은데 좀 싸게 해 줄 수 없습니까?
> 노인: (   ) 방망이 하나 가지고 에누리하겠소? 비싸거든 다른 데 가 사우.

① 활짝 웃으며   ② 방망이를 건네며
③ 다급한 표정으로   ④ 무뚝뚝한 말투로
⑤ 의심스러운 눈빛으로

📝 내용 정리

⭐ 빈칸에 알맞은 말을 쓰거나 ○표를 하여 오늘 읽은 글의 내용을 정리해 보세요.

> '나'는 서울에서 집으로 돌아가는 길에 ❶(   ) 한 벌을 사려고 했다. '나'는 방망이를 ❷(대충, 제대로) 깎아야 한다는 노인의 고집 때문에 ❸(   )을/를 놓칠까 봐 초조해하다가 체념하고 말았다.

🔍 어휘 정리

1 빈칸에 알맞은 낱말을 ◦보기◦에서 찾아 쓰세요.

> ◦보기◦   대꾸   늑장   에누리

(1) 가게 주인이 (   )해 주어서 과일을 싸게 샀다.

(2) 누나가 (   )을/를 부리는 바람에 버스를 놓쳤다.

(3) 그는 묻는 말에 아무 (   )도 없이 가만히 앉아 있었다.

2 빈칸에 알맞은 낱말을 (   ) 안에서 골라 ○표 하세요.

(1)
> 밤늦도록 연락이 없는 아빠를 ▨▨▨▨ 기다렸다.

(유쾌하게, 초조하게, 후련하게)

(2)
> 동생은 살이 많이 쪄서 동작이 ▨▨▨▨.

(굼뜨다, 빠듯하다, 무뚝뚝하다)

쓰레기통을 뒤지는 아이

"끝순이가 아프지만 않았어도 빨리 와서 밀가루를 받을 수 있었는데……."

달구는 너무 아쉬워서 식량 배급소를 쉽게 떠나지 못했다. 그러다가 식량 배급소를 나와 국제 시장 쪽으로 걸음을 옮겼다. 생각할수록 자기 앞에서 *배급이 끊긴 게 너무 아쉬웠다.

달구는 아버지랑 *피난길에 헤어지면 다시 만나기로 약속했던 영도 다리에도 가 봐야 했지만 끝순이가 걱정돼 오늘은 그냥 집으로 돌아가기로 했다. 달구와 끝순이의 집은 국제 시장 근처 임시 피난소에 설치된 천막이었다. 쥐, 벼룩은 물론이고 똥까지 넘쳐 나는 곳이 었지만 전쟁 통에 갈 곳 없는 달구와 엄마, 끝순이를 품어 준 유일한 곳이기도 했다.

시장 어귀에 들어서자 어김없이 공중변소의 *퀴퀴한 냄새가 풍겨 왔다. 한국 전쟁의 포화 를 피해 수많은 사람들이 부산으로 몰려들었기 때문에 국제 시장은 늘 ㉠사람들로 북적거 렸다. 그리고 부모를 잃은 많은 아이들이 먹을 것을 찾아 시장 안을 돌아다녔다.

"난 저 애들이랑 달라! 아버지는 반드시 우릴 찾아오실 거야."

달구는 그런 아이들을 볼 때마다 늘 이렇게 마음을 다잡았다. 그래서 그 아이들처럼 쓰 레기통을 뒤지지도, 지나가는 사람들에게 구걸을 하지도 않았다. 그런데 오늘은 그럴 수가 없었다. 아픈 동생이 하루 종일 아무것도 먹지 못한 채 누워만 있었던 것이다.

"그래, 아버지를 만나기 전에 어머니처럼 끝순이를 잃을 수는 없어!"

달구는 시장 뒷골목으로 가 쓰레기통을 뒤지기 시작했다. 버려진 배춧잎 하나라도 구할 수 있다면 좋겠다는 생각뿐이었다. 바로 그때 끝순이 또래의 여자아이가 비단 한복을 곱게 차려입은 아주머니와 달구 옆을 지나갔다.

"엄마, 저 오빠는 왜 더러운 쓰레기통을 뒤져?"

"고아라서 그런 거야. 고아가 되면 저렇게 되는 거야."

달구는 쥐구멍에라도 숨고 싶을 만큼 창피한 생각이 들었다. 하지만 아주머니를 향해 당 당히 소리쳤다.

"저, 고아 아니에요. 우리 아버진 안 죽었어요. 반드시 살아서 오실 거라고요."

* 배급: 명예와 이익을 목적으로 하지 않고 상품을 나누어 주는 일.
* 피난길: 재난을 피하여 가는 길. 또는 그런 도중.
* 퀴퀴한: 상하고 찌들어 비위에 거슬릴 정도로 냄새가 구린.
* 포화: 총이나 대포를 쏠 때 일어나는 불.

1

내용 이해

이 글에 대한 설명으로 알맞은 것을 두 가지 고르세요. (   )

① 글의 주제는 남북통일이다.

② 중심 글감은 식량 부족이다.

③ 중심인물은 달구 아버지이다.

④ 일이 일어난 장소는 부산이다.

⑤ 한국 전쟁을 시대적 배경으로 하여 쓴 글이다.

2

추론

이 글에 나타난 시대 상황으로 알맞은 것에 ○표 하세요.

⑴ 고아를 외국으로 입양을 보냈다.   (   )

⑵ 먹을 것이 부족해 전쟁이 일어났다.   (   )

⑶ 전쟁으로 가족들이 흩어져 소식을 알 수 없었다.   (   )

☆ 달구네 가족의 모습을 통해 시대 상황을 짐작해 봐.

3

어휘·표현

↱교훈이나 유래를 담고 있는 한자 네 자로 이루어진 말이야.

㉠과 관련 있는 사자성어를 찾아 기호를 쓰세요.

> ㉮ 팔방미인(八方美人): 여러 방면에 뛰어난 사람.
>
> ㉯ 인산인해(人山人海): 사람이 산과 바다를 이룰 만큼 많이 모임.
>
> ㉰ 삼삼오오(三三五五): 서너 사람 또는 대여섯 사람이 떼를 지어 다니거나 무슨 일을
> 하는 모양.

(   )

4

추론

이 글에 나타난 달구의 성격은 어떠한가요? (   )

① 짓궂다.   ② 게으르다.

③ 욕심이 많다.   ④ 걱정이 많다.

⑤ 자존심이 강하다.

5

짜임

이 글에서 일어난 일의 차례대로 기호를 쓰세요.

> ㉮ 어머니가 돌아가셨다.
> ㉯ 달구와 어머니, 끝순이는 피난길에 아버지와 헤어졌다.
> ㉰ 달구와 어머니, 끝순이가 부산의 임시 피난소에 머물게 되었다.

(   ) → (   ) → (   )

6

감상

이 글에 나온 인물의 생각을 알맞게 평가한 친구는 누구인지 쓰세요.

> 정우: 쓰레기통을 뒤지면 고아라는 아주머니의 생각은 타당해. 왜냐하면 쓰레기통을
> 뒤지는 건 더럽기 때문이야.
> 소희: 달구가 쓰레기통을 뒤진 걸 창피해한 것은 옳지 않다고 생각해. 왜냐하면 아무
> 것도 먹지 못한 동생을 위해 달구가 할 수 있는 일은 쓰레기통을 뒤지는 것밖에 없
> 었기 때문이야.

(   )

7

적용·창의

이 글의 뒤에 이어질 내용으로 알맞지 <u>않은</u> 것은 무엇인가요? (   )

① 달구는 끝순이마저 잃게 된다.
② 달구와 끝순이는 전쟁이 끝나 고향으로 돌아간다.
③ 달구는 며칠을 헤맨 끝에 식량 배급소를 처음 찾아낸다.
④ 달구는 끝순이를 먹여 살리기 위해 구두닦이를 시작한다.
⑤ 달구는 아버지가 피난길에 돌아가셨다는 소식을 듣게 된다.

☆ 이야기의 흐름상 앞뒤가 맞지 않는 것을 찾아봐.

📝 내용 정리

⭐ 빈칸에 알맞은 말을 넣어 오늘 읽은 글의 내용을 정리해 보세요.

> 달구는 동생 끝순이가 아파 식량 배급소에 늦게 가는 바람에 ❶(   )을/를
> 받지 못했다. 그래서 하루 종일 아무것도 먹지 못한 채 누워 있는 끝순이를 위해 어쩔 수 없
> 이 ❷(   )을/를 뒤졌다. 지나가던 아주머니가 그런 달구의 모습을 보고
> ❸(   )(이)라서 그런 거라고 말하자, 달구는 자신은 고아가 아니라고 소리쳤다.

🔍 어휘 정리

1 빈칸에 알맞은 낱말을 ○보기○에서 찾아 쓰세요.

> ○ 보기 ○   구걸   임시   포화

(1) 도시 전체가 전쟁의 (   )에 휩싸였다.

(2) 나는 길에서 (   )하는 사람을 보면 그냥 지나치지 않고 도와준다.

(3) 장마로 인해 피해를 입은 사람들이 체육관에서 (   )(으)로 지내고 있다.

2 밑줄 친 부분과 관련 있는 관용어에 ○표 하세요.

> 달구는 너무 아쉬워서 식량 배급소를 <u>쉽게 떠나지 못했다.</u>

(1) | 발을 끊다 | (2) | 발 벗고 나서다 | (3) | 발이 떨어지지 않다 |

   (   )   (   )   (   )

낱말 미로

앞에서 배운 낱말을 떠올려 보고, 퀴즈를 풀며 미로를 탈출해 보세요.

'마음이 너그럽고 착하며 슬기롭고 덕이 높다.'라는 뜻을 가진 낱말은 무엇일까?

어질다

"나라에서는 재난을 당한 사람들에게 생필품을 ○○해."에서 빈칸에 들어갈 낱말은?

배급

느긋하다

진급

"한국 전쟁 당시에는 정신없는 ○○○에 가족과 헤어지는 경우가 많았어."에서 빈칸에 들어갈 낱말은?

피난길

'값을 깎다.'라는 뜻을 가진 낱말은 무엇일까?

에누리하다

갈무리하다

불안감

상큼한

"자꾸 실패를 해서
○○○이 낮아졌다."에서
빈칸에 들어갈 낱말은?

자존감

"운동화에서 나는
○○○ 냄새를 없애려고
탈취제를 뿌리기도 해."에서
빈칸에 들어갈 낱말은?

세간

귀향길

퀴퀴한

훌륭해! 독해력
다음 단계에 도전해
보자고! 출발!

"○○을 나기 전에
부모님과 함께 살았다."에서
빈칸에 들어갈 낱말은?

처소

세금

사람이 살거나 잠깐
머무르는 곳을 뜻하는
낱말은 무엇일까?

장소

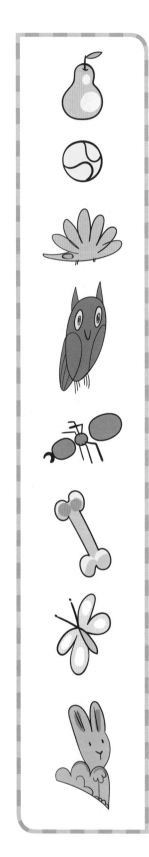

정답 및 해설　16쪽에서 확인하세요.

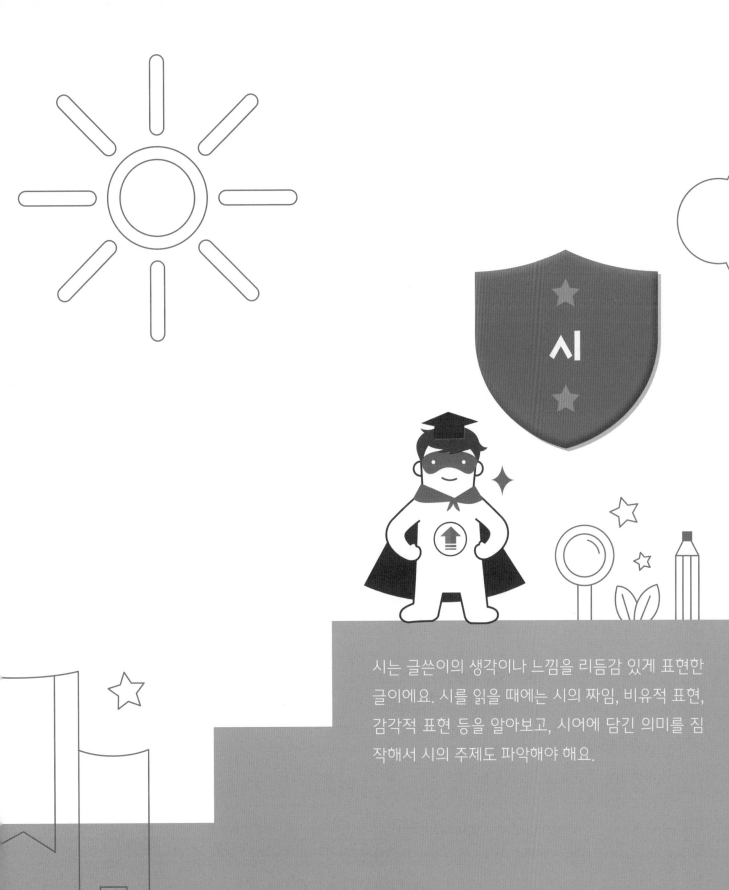

시는 글쓴이의 생각이나 느낌을 리듬감 있게 표현한 글이에요. 시를 읽을 때에는 시의 짜임, 비유적 표현, 감각적 표현 등을 알아보고, 시어에 담긴 의미를 짐작해서 시의 주제도 파악해야 해요.

7 DAY

비법 내용 이해 >> 내용 파악하기

시를 읽으면서 머릿속에 그림을 그리듯이 **장면을 상상**해 보는 거야. 그리고 시를 읽고 **어떤 느낌**이 드는지, **시에서 느껴지는 분위기**가 어떤지도 생각해 봐. 만약 **비슷한 경험**이 있다면 그때를 떠올려 보는 것도 시의 내용을 파악하는 좋은 방법이야.

예시 문제 다음 시의 내용으로 알맞은 것은 무엇인가요? (   )

비비새가 혼자서
　　말하는 이가 본 것
앉아 있었다.

마을에서도

숲에서도

멀리 떨어진,

*논벌로 지나간
　비비새가 앉아 있는 곳
전봇줄 위에

혼자서 *동그마니

앉아 있었다.

한참을 걸어오다

되돌아봐도,

그때까지 혼자서

앉아 있었다.

박두진, 「돌아오는 길」

＊논벌: 주로 논으로 이루어진 넓고 평평한 땅.
＊동그마니: 사람이나 사물이 외따로 오뚝하게 있는 모양.

① 공간적 배경은 도시 한복판이다.

② 비비새는 들판 위를 날아다니고 있다.

③ 비비새는 전봇줄 위에 혼자서 앉아 있다.

④ 말하는 이는 마을과 숲에서도 비비새를 보았다.

⑤ 말하는 이가 몇 걸음 걷는 사이 비비새가 사라졌다.

연습 문제 1 다음 시의 내용으로 알맞지 <u>않은</u> 것에 ×표 하세요.

> 열심히 숙제할 때
> 놀자고 찾아온 너.
> 숙제 좀 미루어도 엄마는 나를 사랑
> 하시지만
> 안 놀아 주면
> 너는 너무 서운할 거야.
> 너랑 실컷 놀다가
> 잠 쏟아지는 밤 숙제를 한다.
> 그래도 좋은 나의 친구야.
>
> 얌전히 공부할 때
> 말장난 걸어온 너.
> 장난 좀 쳐도 선생님은 나를 사랑하
> 시지만
> 모른 척하면
> 너는 너무 서운할 거야.
> 너랑 장난치다가
> 냄새나는 화장실 청소를 한다.
> 그래도 좋은 나의 친구야.
>
> 노여심, 「그래서 좋은 나의 친구야」 중에서

(1) '나'는 수업 시간에 친구와 장난을 쳐서 화장실 청소를 했다.　　　　　(　　　)

(2) 숙제할 때 친구가 찾아오자 '나'는 친구를 집으로 돌려보냈다.　　　　(　　　)

(3) 친구가 '나'를 곤란하게 할 때도 있지만 '나'는 친구를 좋아한다.　　　(　　　)

연습 문제 2 다음 시의 내용을 알맞게 말한 것을 두 가지 찾아 ○표 하세요.

> *추강에 밤이 드니 물결이 차노매라
> 낚시 드리우니 고기 아니 무노매라
> *무심한 달빛만 싣고 빈 배 저어 오노라
>
> *추강: 가을의 강.
> *차노매라: 차구나.
> *무심한: 아무런 생각이나 감정 따위가 없는.

(1) 시간적 배경은 가을밤이다.　　(　　　)

(2) 말하는 이는 고기를 많이 잡아 기뻐하고 있다.　　(　　　)

(3) 말하는 이는 강에서 낚시를 하다가 돌아오고 있다.　　(　　　)

비유적 표현은 **어떤 대상을 그것과 비슷한 다른 대상에 빗대어 표현하는 방법**이야.

- **직유법**: '~처럼', '~같이', '~듯이'와 같은 말을 사용해 **직접적으로 빗대어** 표현하는 방법 예 별처럼 빛나는 나

- **은유법**: '~은/는 ~이다'와 같은 형태로 대상을 다른 대상에 **간접적으로 빗대어** 표현하는 방법 예 개나리는 노란 전구

예시 문제 다음 시에서 '거울'은 무엇을 빗대어 표현한 것인지 찾아 쓰세요.

산속 샘물은
벌레들 거울.

> 말하는 이는 자연의
> 모습을 비추는 산속 샘물이
> 거울 같다고 생각했어.

벌레 잠들면
산짐승 거울.

산짐승 잠들면
별들의 거울.

별들도 잠들면
산봉우리 거울.

유경환, 「샘물」

(   )

다음 시에서 '내 마음'을 빗댄 대상을 두 가지 고르세요. (   )

> 돌담에 속삭이는 *햇발같이
> 풀 아래 웃음 짓는 샘물같이
> 내 마음 고요히 고운 봄길 위에
> 오늘 하루 하늘을 우러르고 싶다.
>
> 김영랑, 「돌담에 속삭이는 햇발」 중에서
>
> *햇발: 사방으로 뻗친 햇살.

① 풀   ② 돌담   ③ 햇발
④ 샘물   ⑤ 봄길

다음 시에서는 '비눗방울에 어리는 칠색 무지개'를 무엇에 빗대어 표현했나요? (   )

> 누나가 그리운 날이면
> 담 밑에 기대앉아
> 조용히 비눗방울 날린다.
>
> 비눗방울에 어리는
> 칠색 무지개
> 매달려 어리광 부리던
> 누나의 치맛자락.
>
> 잡으러 따라가면
> 금방 소리 없이 사라지는
> 그리운 치맛자락.
>
> 강소천, 「비눗방울」

① 담 밑   ② 누나의 얼굴
③ 누나의 치맛자락   ④ 어리광 부리는 '나'
⑤ 누나를 그리워하는 '나'

비법 추론 >> 말하는 이에 대해 추론하기

시에서 말하는 이는 **시를 쓴 사람**일 수도 있고, **시 속에서 이야기를 전달하는 누군가**일 수도 있어. 그런데 이 둘은 같을 때도, 다를 때도 있어. 이를테면 시를 쓴 사람은 어른인데 어린이의 눈과 입으로 말하기도 하잖아. 그래서 말하는 이에 대해 묻는 문제는 **시의 내용을 누가 어떻게 전하고 있는지** 파악하는 문제와 같아. 시를 읽을 때 **무슨 말을 하고 있는지** 잘 살펴봐! 그리고 **그런 말을 하는 사람에 대해 생각**해 보는 거야. 기분이 좋은가? 꼬마일까? 새구나! 꽃인가? 나무 아니야?

예시 문제 다음 시의 말하는 이에 대한 설명으로 알맞은 것은 무엇인가요? (   )

혼자서 빈집을

지키고 있는 날
<u>말하는 이의 상황</u>
어쩐지 마음 한쪽

이상해진다.

두 손으로 꼭꼭

눌러 보지만

뭔지도 모르게

울컥해진 마음,
말하는 이의 마음

어쩌다 마주친

어머니 사진이

오늘따라 더욱더

가깝게 보인다.

노원호, 「어느 날 오후」

① 말하는 이는 시에 나오는 '어머니'이다.
② 말하는 이는 집에 혼자 있는 것을 좋아한다.
③ 말하는 이는 어머니께 꾸중을 들어 울적하다.
④ 말하는 이는 가족들이 집에 늦게 오기를 바란다.
⑤ 말하는 이는 쓸쓸하고 외로운 마음을 느끼고 있다.

연습 문제 1 다음 시에서 말하는 이는 누구인지 ○표 하세요.

> 난 밤낮 울 언니 입고 난
> 헌털뱅이 찌꺼기 옷만 입는답니다.
>
> 아, 이 조끼도 그렇죠.
> 아, 이 바지도 그렇죠.
> 그리고, 이 책도 언니 다 배우고 난 책이죠.
> 이 모자도 언니가 작아 못 쓰게 된 모자죠.
>
> 어떻게, 언니의 언니가 될 순 없나요?
>
> 윤석중, 「언니의 언니」

(1) 언니 (   )   (2) 동생 (   )   (3) 선생님 (   )

연습 문제 2 다음 시의 말하는 이에 대해 알맞게 파악한 것은 무엇인가요? (   )

> 못 잊어 생각이 나겠지요,
> 그런대로 한세상 지내시구려,
> 사노라면 잊힐 날 있으리다.
>
> 못 잊어 생각이 나겠지요,
> 그런대로 세월만 가라시구려,
> 못 잊어도 더러는 잊히오리다.
>
> 그러나 또 한긋 이렇지요,
> "그리워 살뜰히 못 잊는데,
> 어쩌면 생각이 떠지나요?"
>
> 김소월, 「못 잊어」

① 말하는 이는 참을성이 없다.

② 말하는 이는 가난한 농부이다.

③ 말하는 이는 시간이 멈추기를 바란다.

④ 말하는 이는 사랑하는 사람을 잊지 못하고 있다.

⑤ 말하는 이는 기억나지 않는 일이 있어서 답답해하고 있다.

시를 바꾸어 쓸 때 창의적인 것은 좋지만 엉뚱한 내용으로 바꾸면 안 돼! **시의 내용에 맞게 바꾸면서 시의 표현을 다르게 하는 것에 중점을 두는 거야.**

먼저 시의 내용을 잘 알아야겠지? 그리고 문제에서 **시를 어떤 조건에 맞춰서 바꾸라고 했는지** 확인해 봐야지. 시의 일부분을 내용과 어울리게 바꾸어 쓰거나 시를 이야기로 바꾸어 쓸 수도 있어. 문제에서 말한 **조건에 맞고, 시의 주제가 달라지지 않게 바꾼 것**을 선택하면, 그게 바로 정답이야!

예시 문제   ㉠을 시의 내용에 알맞게 바꾸어 쓴 것에 ○표 하세요.

친구야,

내 가슴엔

보고 싶은 얼굴이

가득 채워져 있단다.

친구야,

㉠내 가슴엔

다정한 눈동자가

가득 담겨져 있단다.

> 말하는 이는 친구를 그리워하고 있어.

정혜진, 「내 가슴엔」 중에서

(1)

내 배엔
맛있는 떡볶이가
가득 채워져 있단다.

(   )

(2)

내 가슴엔
정다운 마음이
가득 고여져 있단다.

(   )

연습 문제 **1** 다음 시의 일부분을 바꾸어 쓸 때, ㉠ 대신 쓸 수 있는 말을 모두 고르세요. (   )

> 엄마 손때 묻은 장바구니
> 시장 갈 때마다
> 엄마 생각을 가득 담고 나간다.
>
> 시장에서 좁은 골목길
> 돌고 돌면서
> 단골 아주머니 김칫거리도 한 단 담기고
> 시골 할머니 ㉠산나물도 한 줌 담기고
> 엄기원, 「엄마의 장바구니」 중에서

① 파 한 단   ② 기쁨 한가득
③ 상추 한 포기   ④ 소나무 한 그루
⑤ 고구마 한 바구니

연습 문제 **2** 다음 시의 2연을 대화 글을 넣어 실감 나게 바꾸어 쓴 것에 ○표 하세요.

> 연을 올린다.
> 바람에 연을 걸어
> 꿈을 올린다.
>
> 시끄럽다고 쫓겨난 노마도
> 방이 비좁아 밀려 나온 돌이도
> 하늘에 훌쩍
> 마음을 띄워 보낸다.
> 김녹촌, 「연」 중에서

(1)
　　오늘도 노마는 시끄럽게 떠든다고 집에서 쫓겨났다. 옆집 돌이도 방이 비좁아 밖으로 나온 모양이다. 노마가 돌이에게 말했다.
　　"우리 연이나 날릴까?"
　　"그래, 좋아!"

(   )

(2)
　　노마와 돌이는 아침부터 연 때문에 말다툼을 했다. 어머니께서는 화가 나셔서 노마와 돌이를 밖으로 쫓아내셨다.
　　"너 때문이야!"
　　둘은 서로를 원망했다.

(   )

달

이원수

너도 보이지.
오리나무 잎사귀에 흩어져 앉아
바람에 몸 흔들며 춤추는 달이.

너도 들리지.
시냇물에 반짝반짝 은 *부스러기
흘러가며 *조잘거리는 달의 노래가.

그래도 그래도
너는 모른다.
둥그런 저 달을 온통 네 품에
안겨 주고 싶어 하는
나의 마음은.

* 부스러기: 큰 덩어리에서 떨어져 나온 작은 조각이나 가루.
* 조잘거리는: 조금 낮은 목소리로 빠르게 말을 계속하는.

1
이 시의 내용으로 알맞지 <u>않은</u> 것은 무엇인가요? (   )

① 시냇물에 달빛이 비치고 있다.

② 오리나무 잎사귀 사이로 달이 보인다.

③ 오리나무 잎사귀가 바람에 흔들리고 있다.

④ 말하는 이는 달을 보며 노래를 부르고 있다.

⑤ 말하는 이는 둥그런 달을 '네' 품에 안겨 주고 싶어 한다.

2 추론
이 시의 말하는 이에 대한 설명으로 알맞은 것의 기호를 쓰세요.

> ㉮ 말하는 이는 도시 한복판에서 달을 보고 있다.
>
> ㉯ 말하는 이는 달을 보며 그리운 이를 떠올리고 있다.
>
> ㉰ 말하는 이는 친구와 떨어져 혼자 지내고 싶어 한다.

(   )

☆ 시를 읽으면서 말하는 이가 어디에서 무엇을 하고 있는지, 어떤 마음일지 짐작해 봐.

3
'시냇물이 흘러가는 소리'를 무엇에 빗대어 표현했는지 쓰세요.

(   )

4 추론
이 시의 분위기로 알맞은 것은 무엇인가요? (   )

① 차갑고 무섭다.   ② 슬프고 안타깝다.

③ 조용하고 차분하다.   ④ 불안하고 초조하다.

⑤ 시끄럽고 어수선하다.

5

감상

이 시를 읽고 떠올릴 수 있는 경험으로 알맞은 것은 무엇인가요? (   )

① 바닷가에 여행을 갔던 경험

② 부모님께 걱정을 끼쳤던 경험

③ 강가에서 오리 떼를 보았던 경험

④ 가족들과 뒷산으로 달구경을 갔던 경험

⑤ 학예회 때 친구들과 노래를 불렀던 경험

6

감상

이 시에 대해 바르게 말하지 <u>못한</u> 친구를 찾아 이름을 쓰세요.

> 송희: 달을 사람인 것처럼 표현한 점이 재미있어.
>
> 진수: 시냇물이 흘러가는 소리를 흉내 내는 말을 사용해 표현해서 재미있어.
>
> 다솜: "너도 보이지. ~ 춤추는 달이."처럼 말의 순서를 바꾸어 표현한 것이 새로워.

(   )

7

적용·창의

밑줄 친 부분을 시의 내용에 알맞게 바꾸어 쓴 것에 ○표 하세요.

> 그래도 그래도
> 너는 모른다.
> <u>둥그런 저 달을 온통 네 품에</u>
> <u>안겨 주고 싶어 하는</u>
> 나의 마음은.

(1) 눈부신 저 달을 온통 너와 함께 / 바라보고 싶어 하는   (   )

(2) 둥그런 달을 두 손으로 잡아 / 한 입 베어 물고 싶어 하는   (   )

(3) 저 둥그런 달 속으로 들어가 / 옥토끼를 만나고 싶어 하는   (   )

☆ 말하는 이의 마음에 알맞게 바꾼 것을 찾아봐.

📖 내용 정리

⭐ 빈칸에 알맞은 말을 넣어 오늘 읽은 글의 내용을 정리해 보세요.

> 말하는 이는 달을 보며 그리운 사람을 떠올리고 있다. 1연에서는 흔들리는 오리나무 잎사귀 사이로 보이는 ❶(   )을/를 사람인 것처럼 표현했다. 2연에서는 시냇물에 비친 달의 모습은 ❷'(   )', 시냇물이 흘러가는 소리는 ❸'(   )'(이)라고 비유적으로 표현했다.

📖 어휘 정리

1 다음 문장에 알맞은 낱말을 (   ) 안에서 골라 ○표 하세요.

⑴ 넓은 (잎맥, 잎사귀)을/를 펼쳐 우산처럼 썼다.

⑵ 아이들이 즐겁게 (조잘거리며, 칭얼거리며) 내 앞을 지나갔다.

⑶ 동생이 과자 (덩어리, 부스러기)가 잔뜩 묻은 손으로 눈을 비볐다.

2 밑줄 친 '품'이 보기 와 같은 뜻으로 쓰인 것에 ○표 하세요.

> **보기**
>
> 둥그런 저 달을 온통 네 품에
> 안겨 주고 싶어 하는
> 나의 마음은.

⑴ 말하는 품이 어른스럽다.   (   )

⑵ 농사일은 품이 많이 드는 일이다.   (   )

⑶ 아기가 엄마 품에서 곤히 잠을 잔다.   (   )

혼자 있어 봐

이화주

친구와
*쌍둥밤처럼
어깨동무하는 것도 좋지만,

참새 떼처럼
짹째글 짹째글
몰려다니는 것도 좋지만,

가끔씩은
아주 가끔씩은
혼자 있어 봐.

별들의 이야기
엿들을 수도 있고,
*입속말하던 시계들이
*낭랑한 목소리로 말을 걸어온단다.

그래, ㉠운동장 가슴이 쿵쿵 울리도록
뛰놀던 아이들이 가 버린
늦은 저녁
그네에 혼자 앉아
바람처럼 휘파람을 불어 봐.

거인 같은 운동장이
이웃집 아저씨처럼
너를 번쩍 안아 올려
네 마음의 무게를 재어 주실 테니까.

* 쌍둥밤: 한 껍데기 속에 두 쪽이 들어 있는 밤.
* 입속말하던: 남이 잘 알아듣지 못하게 입 속으로 중얼거리던.
* 낭랑한: 소리가 맑고 또랑또랑한.

1

이 시의 내용으로 알맞으면 ○표, 알맞지 <u>않으면</u> ×표 하세요.

(1) 시간적 배경은 낮이다. 　　　　　　　　　　　　　　　　　　　　(　　　)

(2) 공간적 배경은 운동장이다. 　　　　　　　　　　　　　　　　　　(　　　)

(3) 친구들과 어울려 다니지 말라고 했다. 　　　　　　　　　　　　(　　　)

2

이 시의 말하는 이에 대한 설명으로 알맞은 것의 기호를 쓰세요.

> ㉮ 말하는 이는 시에 나오는 '이웃집 아저씨'이다.
>
> ㉯ 말하는 이는 친구들과 어울리지 못한 것을 슬퍼하고 있다.
>
> ㉰ 말하는 이는 가끔씩 혼자 있으면서 자신의 마음을 들여다보는 시간이 필요하다고 생각한다.

(　　　　　　　)

3 어휘·표현

다음과 같은 모습을 무엇에 빗대어 표현했는지 **보기**에서 찾아 쓰세요.

> **보기**　　　　　　거인　　　　쌍둥밤　　　　참새 떼

(1) 친구들과 어깨동무한 모습: (　　　　　　　)

(2) 친구들과 떠들며 몰려다니는 모습: (　　　　　　　)

☆ 1연과 2연에서 친구들과 어울리는 모습을 직접 빗대어 표현한 대상을 찾아봐.

4 추론

㉠은 무엇을 표현한 것인가요? (　　　　)

① 천둥이 치는 모습　　　　　　　　② 시계가 울리는 모습

③ 별들이 반짝이는 모습　　　　　　④ 아이들이 이야기를 나누는 모습

⑤ 아이들이 신나게 뛰어노는 모습

5 말하는 이가 그네에 혼자 앉아 휘파람을 불어 보라고 한 까닭은 무엇인가요? (   )

추론

① 외롭고 쓸쓸한 마음을 달래 보라고
② 무섭고 두려운 마음을 없애 보라고
③ 휘파람을 잘 불 수 있는지 알아보라고
④ 집으로 돌아간 친구들을 불러 모으라고
⑤ 편안한 마음으로 자신의 생각의 깊이를 더해 보라고

☆ 6연에서 마음의 무게를 재어 준다는 것은 무슨 뜻일까?

6 이 시를 읽고 말한 내용이 알맞지 않은 친구는 누구인지 쓰세요.

감상

(1)
4연에서 별과 시계를 사람인 것처럼 표현한 것이 재미있어.

성빈

(2)
4~6연을 읽으면 떠들썩하고 즐거운 분위기가 느껴져.

채원

(3)
5연을 읽으면 친구를 다 보내고 혼자 그네에 앉아 있는 아이의 모습이 떠올라.

민재

(   )

7 이 시의 일부분을 바꾸어 쓸 때, 밑줄 친 부분을 알맞게 바꾸어 쓴 것에 ○표 하세요.

적용·창의

> 별들의 이야기
> 엿들을 수도 있고,
> 입속말하던 시계들이
> 낭랑한 목소리로 말을 걸어온단다.

(1) 친구들과 우르르 / 달리기할 수도 있고,   (   )

(2) 가족들과 시끌벅적 / 이야기할 수도 있고,   (   )

(3) 소곤소곤 바람의 속삭임에 / 귀 기울일 수도 있고,   (   )

📝 내용 정리

⭐ 빈칸에 알맞은 말을 넣어 오늘 읽은 글의 내용을 정리해 보세요.

1~3연	❶( )과/와 어울려 노는 것도 좋지만 가끔씩은 ❷( )만의 시간을 갖자.
4연	혼자 있으면 별들의 이야기, 시계들의 목소리를 들을 수 있다.
5연	늦은 저녁 그네에 혼자 앉아 휘파람을 불어 보자.
6연	넓은 운동장이 ❸( )의 무게를 재어 줄 것이다.

🔍 어휘 정리

1 빈칸에 알맞은 낱말을 ◦보기◦에서 찾아 쓰세요.

> ◦보기◦   떼   입속말   휘파람

(1) 나는 기분이 좋아서 (   )을/를 불었다.

(2) 오리들이 (   )을/를 지어 우르르 몰려다녔다.

(3) 동생이 (   )하는 것이 답답해 크게 말하라고 했다.

2 다음 문장에 알맞은 낱말을 (   ) 안에서 골라 ○표 하세요.

(1) 길이가 얼마나 되는지 자로 (재어, 재워) 보았다.

(2) 남의 대화를 함부로 (엿들으면, 헛들으면) 안 된다.

(3) 아나운서가 (탁한, 낭랑한) 목소리로 뉴스를 진행해 듣기가 좋았다.

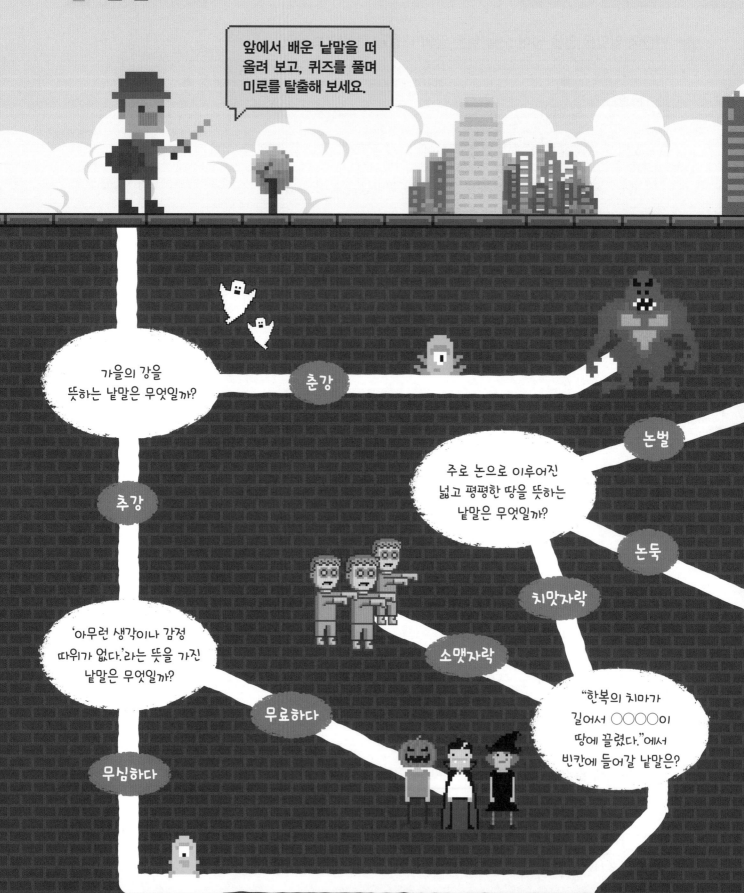

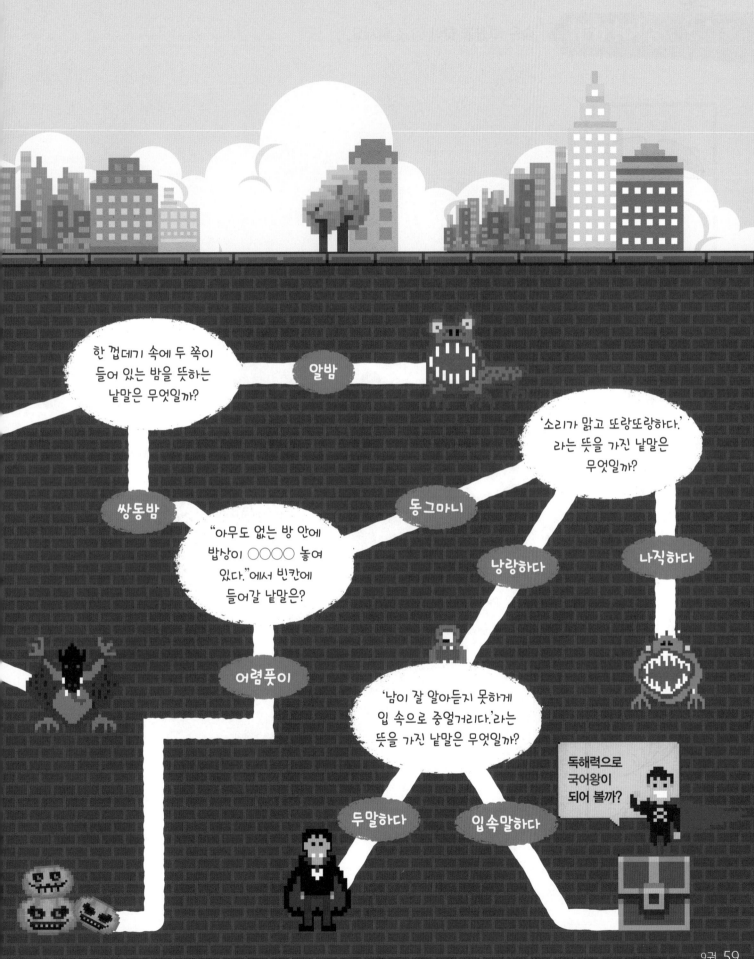

숨은 그림을 찾아 ○표 하세요.

정답 및 해설 16쪽에서 확인하세요.

정보가
담긴 글

정보가 담긴 글에는 설명문, 기행문, 전기문, 기사문 등이 있어요. 정보가 담긴 글은 글에 담긴 정보를 파악하고, 글의 짜임, 설명 방법 등도 함께 파악하며 읽어야 해요. 또 어울리는 자료를 짐작하거나 글의 신뢰성을 판단하며 읽는 것도 좋아요.

비법 어휘·표현 >> 다의어·동형어 알기

다의어란 하나의 낱말이 두 가지 이상의 관련된 뜻을 가진 낱말을 말해.

예 머리: 사람이나 동물의 목 위의 부분. / 생각하고 판단하는 능력. / 머리털.

동형어란 형태만 같을 뿐 뜻이 서로 다른 낱말을 말해.

예 배: 사람의 몸에 있는 '배'. / 타는 '배'. / 먹는 '배'.

다의어와 동형어의 뜻을 알기 위해서는 **그 낱말이 쓰인 앞뒤 내용을 잘 살펴보면 돼!**

예시 문제 ㉠'얼굴'의 뜻으로 알맞은 것에 ○표 하세요.

여러 사람이 무질서하게 마구 떠들거나 혼잡하고 어지러운 상태가 되었을 때, 흔히 '아수라장 같다'는 표현을 쓴다.

'아수라'는 고대 인도 신화에 등장하는 신으로,『몸집이 거대하고 ㉠얼굴은 세 개이며 팔은 여섯 개나 달려 있다.』원래는 착한 신이었지만 나중에는 하늘과 싸우는 나쁜 신이 되었다.

『 』: 아수라의 전체적인 모습을 설명하는 부분이므로, '얼굴'의 뜻을 짐작할 수 있음.

아수라와 하늘이 싸워서 아수라가 이기면 빈곤과 재앙이 닥치고, 하늘이 이기면 풍요와 평화가 찾아온다고 한다. 아수라와 하늘의 싸움에 영향을 미치는 것은 바로 인간이다. 인간이 착한 일을 많이 하면 하늘의 힘이 강해지고, 반대로 인간이 악행을 저지르면 아수라의 힘이 강해진다.

인도의 *서사시에는 아수라들이 비슈누 신의 원반에 맞아 피를 흘리며 죽어 있는 장면이 묘사되어 있다. 피비린내 나는 전쟁터를 아수라장이라고 부르는 것도 여기에서 유래되었다.

* 서사시: 역사적 사실이나 신화, 전설, 영웅 등의 이야기를 있는 그대로 쓴 시.

(1) 어떤 분야에 활동하는 사람.

( )

(2) 눈, 코, 입이 있는 머리의 앞면.

( )

(3) 주위에 잘 알려져서 얻은 평판이나 명예.

( )

연습 문제 1 ㉠'발'에 대한 설명으로 알맞은 것에 ○표 하세요.

> 태권도는 *상고 시대부터 있어 왔던 우리나라 고유의 무술로, '태견', '수박' 등으로 불렸다. '태권도'라는 명칭은 국제 태권도 연맹을 만든 최홍희 씨가 처음 붙인 것으로 알려져 있다. 태권도의 '태'는 '㉠발로 뛰다 또는 발로 차다'라는 의미이며, '권'은 '주먹', '도'는 '무술, 무예'를 뜻한다. 즉 태권도에는 '발로 차고 주먹으로 지르는 무술'이라는 뜻이 담겨 있다.
>
> *상고 시대: 역사 기록이 남아 있는 시대 중 가장 오래된 옛날.

⑴ "축구공을 발로 차다."에 쓰인 '발'과 뜻이 같다.   (   )

⑵ "대나무로 발을 짜다."에 쓰인 '발'과 뜻이 같다.   (   )

⑶ "국수의 발이 쫀득쫀득하다."에 쓰인 '발'과 뜻이 같다.   (   )

연습 문제 2 밑줄 친 낱말 중 ㉠'썩은'과 같은 뜻으로 쓰인 것은 무엇인가요? (   )

> 비가 오고 난 뒤 땅 위로 올라온 지렁이를 본 적이 있나요? 대부분의 사람들은 지렁이의 생김새만 보고 징그럽다고 여기지만 지렁이는 흙을 살리는 환경 파수꾼이에요.
>
> 지렁이는 ㉠썩은 나뭇잎이나 동물의 똥 같은 유기물을 좋아해서 하루에 자기 몸의 몇 배나 되는 양을 먹어 치워요. 지렁이는 유기물을 먹은 뒤 12~20시간 뒤에 배설하는데, 이 배설물에는 땅을 기름지게 하는 성분이 많이 들어 있어요. 그래서 지렁이 배설물은 천연 비료를 만드는 데 쓰여요.

① 과로로 얼굴이 <u>썩었다</u>.

② 고기가 <u>썩어서</u> 냄새가 난다.

③ 아픈 아이 때문에 속이 무척 <u>썩는다</u>.

④ 농기구가 창고에서 오랫동안 <u>썩고</u> 있다.

⑤ 그 구두쇠는 돈이 <u>썩어</u> 나도 한 푼도 쓰지 않는다.

비법 짜임 >> 설명 방법 파악하기

설명 방법에는 비교, 대조, 분석, 분류 등이 있어. (비교)는 대상들의 **공통점**을, (대조)는 대상들의 **차이점**을 찾아 설명하는 방법이야. (분석)은 전체를 여러 부분으로 **나누어서** 설명하는 방법이고, (분류)는 일정한 기준에 따라 같은 것끼리 **묶어서** 설명하는 방법이야.

- 비교: (예) 축구와 농구는 공을 가지고 하는 운동이다.
- 대조: (예) 축구는 발을 사용하지만, 농구는 손을 사용한다.
- 분석: (예) 개미의 몸은 머리, 가슴, 배로 이루어져 있다.
- 분류: (예) 악기는 연주하는 방법에 따라 현악기, 관악기, 타악기로 나눌 수 있다.

예시 문제 다음 글에서 사용한 설명 방법에 대해 알맞게 말한 친구를 찾아 ○표 하세요.

> 척추동물은 체온 변화가 있는지에 따라 정온 동물과 변온 동물로 나눌 수 있다.
> <u>척추동물을 나누는 기준</u>
> 정온 동물은 바깥 온도에 관계없이 체온을 항상 일정하고 따뜻하게 유지한다. 정온 동물은 새끼를 낳는 방법에 따라 포유류와 조류로 다시 나눌 수 있다. 포유류는 새끼를 낳아 젖
> <u>정온 동물을 나누는 기준</u>
> 을 먹여 기르는 동물로 말, 원숭이, 고래 등이 있다. 조류는 알을 낳는 동물로 딱따구리나 타조 등 우리가 흔히 '새'라고 부르는 동물뿐만 아니라 펭귄도 해당한다.
>
> 변온 동물은 체온을 조절하는 능력이 없어서 바깥 온도에 따라 체온이 변한다. 추운 겨울이 되면 변온 동물은 체온이 많이 내려가 생활력이 약해지므로 겨울잠을 자는 경우가 많다. 변온 동물은 호흡하는 방법에 따라 파충류, 양서류, 어류로 다시 나눌 수 있다. 파충류는 폐
> <u>변온 동물을 나누는 기준</u>
> 로 호흡하는 동물로 코브라, 악어 등이 있다. 어류는 평생 아가미로만 호흡하는 동물로 상어, 갈치와 같은 물고기 종류가 해당한다. 양서류는 어릴 때는 아가미로 호흡하고 어른이 되어서는 폐와 피부로 호흡한다. 두꺼비, 개구리 등이 양서류에 해당한다.

(1) **혁재**: 정온 동물과 변온 동물의 공통점을 설명하고 있으므로 '비교'의 방법을 사용했어. (   )

(2) **지희**: 척추동물의 종류를 일정한 기준에 따라 묶어서 설명하고 있으므로 '분류'의 방법을 사용했어.

(   )

다음 글에서 사용한 설명 방법으로 알맞은 것에 ○표 하세요.

> 볼록 렌즈는 렌즈의 가운데 부분이 볼록해서 가까이 있는 물체가 크게 보인다. 그래서 가까이 있는 것을 잘 볼 수 없는 노인들이 쓰는 돋보기안경에 사용된다.
>
> 오목 렌즈는 렌즈의 가운데 부분이 얇아서 가까이 있는 물체는 작아 보이고, 멀리 있는 물체는 또렷이 보인다. 그래서 가까운 데 있는 것은 잘 보아도 먼 데 있는 것은 선명하게 보지 못하는 어린이나 일반 어른들 안경에 사용된다.

(1) 분류   (2) 분석   (3) 대조

(   )   (   )   (   )

다음 글에서 분석의 방법으로 설명하는 대상은 무엇인가요? (   )

> 우리의 귀는 겉귀, 가운데귀, 속귀로 이루어져 있다.
>
> 겉귀는 귓바퀴를 통해 소리를 모아 주고, 모은 소리를 외이도를 거쳐 고막으로 보내 주는 역할을 한다. 외이도는 귓바퀴에서 고막까지 소리가 지나가는 통로로, 길이는 약 2.5~3센티미터 정도이다.
>
> 가운데귀는 고막, 작은 뼈, 유스타키오관으로 구성되어 있다. 소리가 들어와서 고막이 진동하면 작은 뼈가 이 진동을 달팽이관으로 전달한다.
>
> 속귀는 달팽이관, 3개의 반고리관, 전정으로 이루어져 있다. 진동이 달팽이관 속의 청각 세포를 자극하면 청각 신경을 통해 이 자극이 대뇌로 전달되어 소리를 들을 수 있게 된다. 반고리관과 전정은 몸의 기울어짐을 감지해* 몸의 균형을 유지하게 한다.
>
> *감지해: 느끼어 알아.

① 귀의 모양   ② 뇌의 구조

③ 대뇌의 역할   ④ 귀와 관련된 질병

⑤ 귀의 구조와 역할

비법 추론 >> **어울리는 자료 짐작하기**

석굴암의 구조에 대해 설명하는 글을 쓸 때 글로만 설명한다고 생각해 봐. 읽는 사람이 이해하기 어렵겠지? 이럴 때 석굴암 사진을 딱 보여 주면 이해하기 쉬울 거야. 이렇게 **설명하는 내용에 알맞게 자료를 활용하면 전달하고자 하는 내용을 효과적으로 전달할 수 있어. 설명하는 내용에 가장 잘 어울리는 사진, 도표, 지도, 그래프 등을 찾아봐!**

예시 문제 다음 글에 덧붙일 자료로 가장 알맞은 것은 무엇인가요? (   )

『조선왕조실록』을 보관하는 곳을 '사고(史庫)'라고 한다. 사고는 처음에 <u>한양의 춘추관과 충주</u> 두 곳에만 있었다. 그러다가 화재나 외적의 침입으로 인해 실록이 소실*될 것을 염려하
처음 사고의 위치
는 목소리가 높아지자 사고를 <u>전주와 성주</u>에도 두어 총 네 개 지역에서 실록을 보관했다.
추가된 사고의 위치

그러나 임진왜란 때 한양, 충주, 성주 사고가 불타 버렸다. 전주 사고의 실록도 불에 탈 뻔했으나 당시 전주 유생들이 돈을 모아 실록을 모두 내장산으로 옮겨 간신히 지켜 냈다.

임진왜란이 끝난 뒤, 전주 사고의 실록을 인쇄해 <u>한양의 춘추관을 비롯하여 마니산, 오대산, 태백산, 묘향산</u>에 보관했다. 이후에도 전쟁으로 인해 실록의 피해가 예상될 때는 실록
임진왜란 이후의 사고 위치
을 다른 사고로 옮겼다. 병자호란 때는 마니산의 실록을 <u>정족산</u>으로 옮겼고, 묘향산의 실록
마니산에서 변경된 사고의 위치
을 <u>적상산</u>으로 옮겼다. 그래서 한양의 춘추관, 오대산, 태백산, 정족산, 적상산 사고를 '5대
묘향산에서 변경된 사고의 위치
사고'라고 말한다. 현재는 정족산 사고와 오대산 사고의 실록 일부가 <u>서울 대학교 규장각</u>에
현재 사고의 위치 ①
보관되어 있고, 태백산 사고의 실록이 <u>부산 국가 기록원</u>에 보관되어 있다.
현재 사고의 위치 ②

*소실될: 사라져 없어질.

① 지역별 유생의 수를 나타낸 그래프
② 5대 사고의 위치를 나타낸 지도
③ 사고를 짓는 과정을 순서대로 그린 그림
④ 병자호란 때 조선의 피해 상황을 나타낸 도표
⑤ 『조선왕조실록』을 인쇄하는 과정을 보여 주는 사진

연습 문제 1 다음 글에 더 넣을 자료로 알맞은 것에 ○표 하세요.

친유성기   친수성기

▲ 비누의 구조

비누는 기름때와 친한 친유성기, 물과 친한 친수성기 두 부분으로 이루어져 있다.

비누가 물에 녹으면 비누의 친유성기 성분은 기름때 쪽으로 향하고, 친수성기 성분은 물 쪽으로 향하여 배열된다. 비눗물이 옷의 내부로 들어가면 친수성기 성분이 기름때 주위를 둘러싸서 옷과 기름때의 결합을 약하게 만든다. 이때 빨래를 주무르거나 비비면 기름때가 옷에서 분리되어 물 쪽으로 나오게 된다.

(1) 비누를 종류별로 나누어 놓은 사진   (   )

(2) 비누를 만드는 과정을 보여 주는 동영상   (   )

(3) 비누가 때를 제거하는 과정을 보여 주는 그림   (   )

연습 문제 2 『 』부분에 어울리는 자료를 찾아 ○표 하세요.

기초 대사량이란 생물체가 생명을 유지하는 데 필요한 최소한의 에너지 양을 말한다. 주로 체온 유지, 심장 박동, 호흡 운동, 근육의 건강 유지 등에 쓰이는 에너지로, 우리가 하루에 소모하는 총 에너지의 60~70퍼센트를 차지한다.

『기초 대사량은 근육량과 관계가 있다. 근육량이 줄어들면 기초 대사량이 줄어들어 탄수화물과 지방을 에너지로 쉽게 변환시키지 못하기 때문에 살이 쉽게 찌게 된다. 근육량은 30대부터 조금씩 감소하기 시작해서 70대가 되면 젊었을 때에 비해 3분의 2로 줄어들게 된다.』

(1)
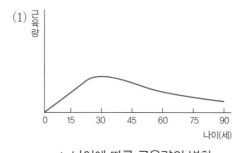

▲ 나이에 따른 근육량의 변화

(   )

(2)
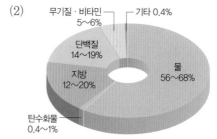

▲ 우리 몸을 구성하는 성분

(   )

열심히 글을 읽고 정보를 파악했는데 그게 잘못된 내용이라고 생각해 봐! 정말 허탈하고 화가 나겠지? 이렇게 신뢰성이 없는 글은 글을 읽는 사람을 혼란에 빠뜨리기도 해. 글의 신뢰성을 판단하려면 <u>글의 내용에 사실이 아니거나 과장된 것은 없는지, 제시한 자료가 믿을 만한지</u> 살펴보아야 해.

예시 문제 ㉠의 내용이 믿을 만한지 알맞게 판단한 친구는 누구인지 쓰세요.

해저란 깊은 바다 밑을 말합니다. 해저 지형은 크게 대륙붕, 대륙 사면, 대양저로 나뉘고, 해구나 해령과 같은 특수 지형이 널리 퍼져 있습니다.

대륙붕은 대륙의 변두리를 따라서 발달한, 깊이 200미터 미만의 얕은 바다 지형입니다. 대륙 사면은 대륙붕이 끝나면서 이어지는 급한 경사를 말하고, 대양저는 대륙 사면에 이어지는 깊이 4000~6000미터의 평탄하고 넓은 곳을 말합니다. 해구는 폭이 좁고 길이가 긴 골짜기로, <u>㉠2012년 미국 뉴햄프셔 대학 연구팀의 측정 결과에 따르면, 태평양의 마리아나</u>
미국 뉴햄프셔 대학 연구팀의 측정 결과를 인용함.
<u>해구가 세계에서 가장 깊습니다.</u> 해령은 대양저가 높게 일어나 산맥처럼 된 곳입니다.

과학이 발달하기 전에는 바다 밑으로 추를 내려보내 바닥까지의 깊이를 측정해서 땅의 모양을 짐작했습니다. 과학이 발달하자 음파를 이용했습니다. 일정한 간격으로 음파를 쏘아서 음파가 되돌아오는 시간을 측정하면 어느 곳이 솟아 있고, 어느 곳이 골짜기인지 알 수 있었습니다. 요즘은 심해 잠수정을 이용해 해저를 탐사합니다.

희준: 자료의 출처를 밝히지 않았으므로 신뢰할 수 없어.
세호: 우리나라 연구팀의 측정 결과가 아니므로 신뢰하기 어려워.
민지: 믿을 만한 기관의 측정 결과를 인용했으므로 신뢰할 수 있어.

(   )

㉠의 신뢰성을 알맞게 판단한 친구를 찾아 ○표 하세요.

> ㉠설문 조사 결과, 가장 가 보고 싶은 여행지 1위는 피라미드가 있는 이집트였습니다. 그래서 오늘은 피라미드에 대해 소개하려고 합니다.
>
> 피라미드는 고대 이집트의 정치적·종교적 지도자 역할을 했던 파라오의 무덤입니다. 이집트 사람들은 왕이 죽은 뒤에 신들의 세계로 간다고 믿었습니다. 그래서 왕의 영혼이 언제든지 돌아올 수 있도록 시신을 보관해야 한다고 생각했습니다.

(1) 나도 이집트에 가서 피라미드를 보고 싶기 때문에 신뢰할 만해.

( )

(2) 설문 조사 결과를 바탕으로 한 것이므로 신뢰할 만해.

( )

(3) 누가 누구를 대상으로 한 설문 조사 결과인지 알 수 없으므로 신뢰성이 떨어져.

( )

㉠의 신뢰성을 높일 수 있는 방법으로 알맞은 것에 ○표 하세요.

> 비정부 기구란 무엇이고, 비정부 기구에서 하는 일은 무엇일까?
>
> 비정부 기구(NGO)는 정부와 관계된 단체가 아닌 순수한 민간 조직으로, 공익을 목적으로 활동하는 비영리 단체이다. 지역, 국가, 종교에 상관없이 정치, 인권, 환경, 보건, 성차별 철폐* 등 다양한 목적을 위해 기부와 자원봉사로 운영된다.
>
> 비정부 기구 가운데 국제적 목표를 가지고 3개국 이상에 사무소를 두고 활동하는 비정부 기구를 국제 비정부 기구(INGO: International NGO)라고 한다. ㉠국제 비정부 기구는 국제기구나 다른 비정부 기구와 협력해 지구촌 문제 해결에 큰 역할을 하고 있다.
>
> *철폐: 전에 있던 제도나 규칙 따위를 걷어치워서 없앰.

(1) 국제 비정부 기구가 많이 생기고 있다는 신문 기사를 제시한다. ( )

(2) 국제 비정부 기구가 지구촌 문제를 해결한 실제 사례를 제시한다. ( )

(3) 국제 비정부 기구의 문제점을 알려 주는 전문가의 말을 인용한다. ( )

나무는 우리에게 많은 도움을 줍니다. 그중에서 우리가 미처 몰랐던 나무의 쓰임새에 대해 알아봅시다.

『가을이 되면 주황색 열매가 주렁주렁 달린 감나무를 볼 수 있습니다. 감나무는 열매와 줄기로 나누어서 그 쓰임새를 살펴볼 수 있습니다. 열매인 감은 맛있는 과일일 뿐만 아니라 한의학에서는 중요한 약재로도 쓰입니다. 잘 익은 감의 꼭지는 떼어 내 햇볕에 말린 뒤 달여 마시면 딸꾹질이나 설사를 멈추게 하는 데 효과가 있습니다. 제주도에서는 덜 익은 감으로 옷에 갈색 물을 들여 입습니다. 이것을 갈옷이라고 하는데, 갈옷은 공기가 잘 통하고 가시덤불에도 긁히지 않을 정도로 질깁니다. 감나무의 줄기는 단단하고 탄력이 있으며 고급스러운 검은색을 띠고 있어서 옛날에는 귀한 가구 재료로 쓰였습니다. 최근에는 감나무 줄기의 탄력성을 살려 골프채의 머리 부분을 만들기도 합니다.』

감나무와 함께 가을을 대표하는 밤나무도 쓰임새가 많습니다. ㉮열매인 밤은 삶아 먹거나 구워 먹기도 하고, 약밥이나 떡에 넣어 먹기도 합니다. 밤의 속껍질을 벗겨 햇볕에 잘 말리면 위와 허약해진 몸을 보호하는 약재로 쓸 수 있습니다. 밤꽃에서 밤꿀도 얻을 수 있는데, 밤꿀은 색깔이 연하고 향이 짙으며 쌉쌀한 맛이 납니다. 밤나무 잎에는 *방충 성분이 들어 있어서 쌀통 안에 밤나무 잎을 넣어 두면 벌레가 생기지 않습니다. 밤나무의 줄기는 습기를 잘 견뎌 옛날에는 달구지나 *절굿공이와 같이 단단해야 하는 농사 연장을 만드는 데에 많이 쓰였습니다. 또, 철도의 *침목으로 사용되기도 했습니다.

향긋한 모과가 열리는 모과나무도 쓰임새가 많습니다. 모과는 사람을 세 번 놀라게 합니다. 모과를 ㉠본 사람들은 처음에는 어찌 이리 못생겼을까 하고 놀라고, 그다음에는 향긋한 향기에 놀라고, 마지막으로 맛이 없어서 놀란다고 합니다. 모과는 시고 떫어서 날로 먹기는 어렵습니다. 그래서 예전부터 잘 익은 모과는 차로 끓여 마시거나 술을 담가 먹었습니다. ㉯『동의보감』에는 모과가 구토와 설사를 멈추게 하고 소화에 도움이 되며 설사 뒤에 오는 갈증을 멎게 한다고 기록되어 있습니다. 모과는 향기가 좋아 방향제로 쓰이기도 합니다. 모과나무 줄기는 결이 부드럽고 단단해 가구를 만드는 데 쓰입니다. ㉰누군가의 말에 따르면, 옛날 사람들이 많이 쓰던 장롱이 바로 모과나무로 만든 것이라고 합니다.

---

*방충: 벌레가 들어오지 못하도록 막음.
*절굿공이: 절구에 곡식 따위를 빻거나 찧거나 할 때에 쓰는 기구.
*침목: 선로 아래에 까는 나무나 콘크리트로 된 토막.

1

주제

이 글의 제목으로 알맞은 것은 무엇인가요? (   )

① 나무의 쓰임새

② 약재로 쓰이는 나무

③ 가을을 대표하는 나무

④ 나무를 보호해야 하는 까닭

⑤ 우리나라에서 자라는 나무의 특징

☆ 무엇에 대해 설명하고 있는지 생각해 봐.

2

내용 이해

이 글을 읽고 알게 된 내용을 바르게 정리하지 <u>못한</u> 것은 무엇인가요? (   )

① 모과는 향기는 좋지만 맛은 시고 떫다.

② 덜 익은 감으로 갈옷을 만들어 입었다.

③ 밤나무 줄기에는 방충 성분이 들어 있다.

④ 밤의 속껍질은 위를 보호하는 약재로 쓰인다.

⑤ 잘 익은 감의 꼭지를 말려 달여 마시면 딸꾹질이나 설사가 멈춘다.

3

내용 이해

감나무 줄기로 골프채의 머리 부분을 만드는 까닭은 무엇인가요? (   )

① 탄력성이 좋아서

② 습기를 잘 견뎌서

③ 공기가 잘 통해서

④ 결이 부드럽고 단단해서

⑤ 고급스러운 검은색을 띠고 있어서

4

 짜임

『 』부분에서 사용한 설명 방법을 알맞게 말한 친구의 이름을 쓰세요.

> 준완: 감나무와 쓰임새가 같은 나무들을 묶어서 설명하고 있으므로 '분류'를 사용했어.
>
> 희주: 감나무의 쓰임새를 열매와 줄기로 나누어서 설명하고 있으므로 '분석'을 사용했어.

(   )

㉮~㉱의 내용이 신뢰할 만한지 알맞게 판단했으면 ○표, 알맞게 판단하지 <u>못했으면</u> ×표 하세요.

(1)

㉮는 내가 모르는 내용이라서 신뢰할 수 없어.

(   )

(2)

㉯는 『동의보감』에 나오는 내용이므로 신뢰할 만해.

(   )

(3)

㉱는 누가 한 말인지 분명히 밝히지 않았으므로 신뢰하기 어려워.

(   )

6
어휘·표현

밑줄 친 낱말 중 ㉠'본'과 같은 뜻으로 쓰인 것은 무엇인가요? (   )

① 삼촌이 맞선을 <u>보았다</u>.

② 길에서 수상한 사람을 <u>보았다</u>.

③ 시험을 잘 <u>봐서</u> 기분이 좋았다.

④ 다른 사람의 흉을 <u>보면</u> 안 된다.

⑤ 이모는 아기를 <u>봐</u> 줄 사람을 구하고 있다.

☆ '눈으로 대상의 존재나 형태적 특징을 알다.'라는 뜻으로 쓰인 것을 찾아봐.

7

추론

이 글에 넣을 자료로 알맞지 <u>않은</u> 것은 무엇인가요? (   )

① 모과로 차를 끓이는 사진

② 감나무 줄기로 만든 가구 사진

③ 밤나무 줄기로 만든 절굿공이 사진

④ 사람들이 모과를 날로 맛있게 먹는 사진

⑤ 덜 익은 감으로 옷에 갈색 물을 들이는 사진

📝 내용 정리

⭐ 빈칸에 알맞은 말을 넣어 오늘 읽은 글의 내용을 정리해 보세요.

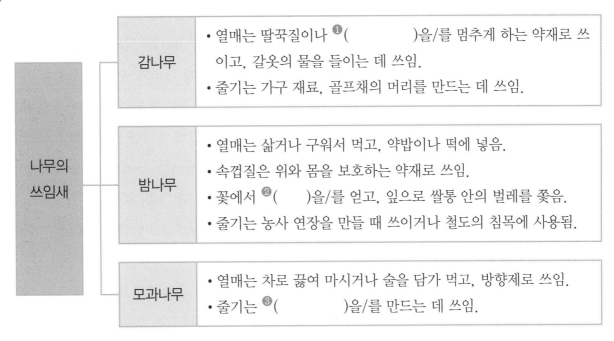

나무의 쓰임새	감나무	• 열매는 딸꾹질이나 ❶(　　　　　)을/를 멈추게 하는 약재로 쓰이고, 갈옷의 물을 들이는 데 쓰임. • 줄기는 가구 재료, 골프채의 머리를 만드는 데 쓰임.
	밤나무	• 열매는 삶거나 구워서 먹고, 약밥이나 떡에 넣음. • 속껍질은 위와 몸을 보호하는 약재로 쓰임. • 꽃에서 ❷(　　　)을/를 얻고, 잎으로 쌀통 안의 벌레를 쫓음. • 줄기는 농사 연장을 만들 때 쓰이거나 철도의 침목에 사용됨.
	모과나무	• 열매는 차로 끓여 마시거나 술을 담가 먹고, 방향제로 쓰임. • 줄기는 ❸(　　　　　)을/를 만드는 데 쓰임.

🔍 어휘 정리

1 다음 문장에 알맞은 낱말을 (　　) 안에서 골라 ○표 하세요.

⑴ 이 고무줄은 (근력, 탄력)이 강하다.

⑵ (고목, 침목)이 철도의 레일을 잘 받쳐 주고 있다.

⑶ 여름에는 벌레가 많아서 (방충, 방풍) 시설을 잘 갖추어야 한다.

2 빈칸에 들어갈 관용어로 알맞은 것에 ○표 하세요.

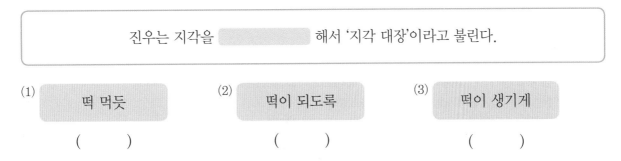

진우는 지각을 　　　　　 해서 '지각 대장'이라고 불린다.

⑴ 떡 먹듯	⑵ 떡이 되도록	⑶ 떡이 생기게
(　　)	(　　)	(　　)

조선 시대의 궁녀

조선 시대의 궁궐에는 수많은 궁녀가 있었다. 왕, 왕비 마마, 대비 마마를 모시는 궁녀가 각각 100명씩, 세자를 모시는 궁녀가 60명 등 모두 합하면 500~600명 정도였다.

궁녀는 대개 열 살 *안팎의 나이에 궁궐로 들어왔다. 주로 각 관청에 속한 여자 종들 가운데에서 총명한 아이가 뽑히거나 집안이 어려운 농민의 딸이 궁녀가 되었다. 이렇게 들어온 어린 궁녀를 '생각시'라고 하는데, 생각시는 10여 년 동안 선배 궁녀를 선생님으로 모시고 공부를 해야 정식 궁녀인 '나인'이 되었다. 나인이 되면 궁궐 안에서 일할 곳을 배정받아 맡은 일을 하고 월급을 받았다. 나인이 처음 받는 월급은 쌀 네 ㉠말, 콩 한 말 다섯 되, 북어 열세 마리 정도였다. 연말이나 나라에 경사가 있을 때는 *상여금도 받았다. 나인으로 15여 년을 일하면 '상궁' 자리에 올랐다.

궁녀는 ⟨　㉡　⟩에 따라 하는 일이 달랐다. 왕과 왕비 옆에서 직접 시중드는 일을 하는 지밀, 바느질을 하는 침방, 자수를 놓는 수방, 음식을 만드는 소주방, 과자를 만드는 생것방, 빨래를 담당하는 세답방, 세숫물을 준비하는 세수간, 먹고 난 밥상을 물리는 퇴선간 등 궁녀는 자신이 소속된 곳에서 평생을 일했다.

㉢⎡ 궁녀는 조직적인 지위 체계도 갖추고 있었다. 제조상궁은 궁녀 전체를 *통솔했다. 제조상궁 아래에는 왕의 재물을 관리하는 부제조상궁과 항상 왕의 곁에서 왕의 명령을 받는 지밀상궁이 있었다. 그리고 궁녀들을 *감찰하는 감찰상궁, 왕의 자녀를 키우는 보모상궁, 책을 관리하고 글을 낭독하는 등의 일을 맡은 시녀상궁 등이 있었다.

조선 시대에는 왕족이 아닌 사람은 궁궐 안에서 죽을 수 없었다. 그러므로 궁녀가 나이 들어 죽을 날이 가까워졌거나 큰 병이 들면 궁궐에서 나와야 했다. 궁궐에서 나온 궁녀들은 친척 집이나 절에서 남은 인생을 보내거나 궁녀였던 사람들끼리 서로 의지하며 살기도 했다. 궁녀들은 죽은 뒤에 대부분 *화장을 했는데, 무덤을 돌보고 제사를 지내 줄 자식이 없었기 때문이다.

* 안팎: 어떤 수량이나 기준에 조금 모자라거나 넘치는 정도.
* 상여금: 정기적인 급여 이외에 업적이나 공헌도에 따라 상으로 더 받는 돈.
* 통솔했다: 집단이나 사람들을 거느려 다스렸다.
* 감찰하는: 단체의 규율과 구성원의 행동을 감독하여 살피는.
* 화장: 장례의 한 방식으로, 시체를 불에 태워서 재로 만듦.

1
이 글을 읽고 조선 시대의 궁녀에 대해 알 수 있는 내용이 <u>아닌</u> 것은 무엇인가요? (   )

① 궁녀가 하는 일

② 궁녀의 지위 체계

③ 궁궐에서 일하는 궁녀의 수

④ 궁녀가 재산을 모으는 과정

⑤ 궁녀가 되기 위해 궁궐로 들어오는 나이

2
이 글의 내용으로 알맞은 것은 무엇인가요? (   )

① 양반만 궁녀가 될 수 있었다.

② 열 살이 넘으면 궁녀가 될 수 없었다.

③ 제조상궁은 궁궐 안에서 죽을 수 있었다.

④ 궁녀의 지위는 '생각시 – 나인 – 상궁'의 차례대로 변한다.

⑤ 왕의 곁에서 왕의 명령을 받는 상궁을 '감찰상궁'이라고 한다.

3

어휘·표현
밑줄 친 낱말의 뜻이 ㉠'말'과 같은 것에 ○표 하세요.

(1) 말 두 마리가 경주를 하고 있다.   (   )

(2) 유치원 아이들이 말과 글을 배우고 있다.   (   )

(3) 가난한 선비의 곳간에 남아 있는 것은 보리 서 말 정도였다. (   )

4

짜임
㉡에 들어갈 분류 기준으로 알맞은 것은 무엇인가요? (   )

① 나이   ② 태어난 곳   ③ 소속 부서

④ 부모의 직업   ⑤ 궁궐에서 일한 햇수

☆ 궁녀가 하는 일을 어떤 기준에 따라 묶어서 설명했지?

©에 덧붙일 자료로 알맞은 것은 무엇인가요? (　　　　)

① 궁녀의 조직도

② 궁궐의 구조를 나타낸 그림

③ 왕을 모시는 궁녀를 그린 그림

④ 궁녀 수의 변화를 나타내는 그래프

⑤ 궁녀의 지위에 따른 월급을 보여 주는 도표

☆ 궁녀의 조직적인 지위 체계를 한눈에 보여 줄 수 있는 자료가 무엇일지 파악해 봐.

6

비판

이 글의 신뢰성에 대해 알맞게 말한 친구를 찾아 ○표 하세요.

(1) 글을 쓸 때 어떤 자료를 참고했는지 밝혔기 때문에 신뢰할 만해.

(　　　)

(2) 궁녀에 대해 오랫동안 연구한 전문가의 말을 인용하면 신뢰성을 높일 수 있어.

(　　　)

(3) 궁녀의 수를 구체적으로 제시하지 않아 조선 시대 궁궐에 수많은 궁녀가 있었다는 내용은 신뢰하기 어려워.

(　　　)

7

적용·창의

이 글과 관련해 더 알고 싶은 내용을 <u>잘못</u> 말한 친구는 누구인지 쓰세요.

> 하준: 궁녀들은 언제 쉬었고, 쉬는 날에 무엇을 했는지 궁금해.
>
> 동민: 조선 시대에는 가난한 백성들을 위해 어떤 정책을 펼쳤는지 궁금해.
>
> 우진: 궁녀의 지위에 따라 복장이나 머리 모양이 어떻게 달랐는지 궁금해.

(　　　　　　　　)

📝 내용 정리

⭐ 빈칸에 알맞은 말을 넣어 오늘 읽은 글의 내용을 정리해 보세요.

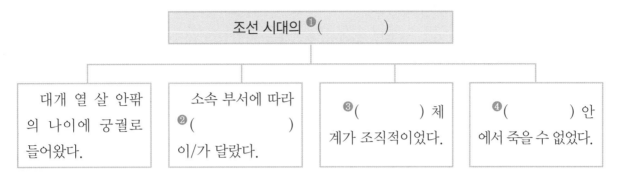

조선 시대의 ❶(　　　　　)

| 대개 열 살 안팎의 나이에 궁궐로 들어왔다. | 소속 부서에 따라 ❷(　　　　　) 이/가 달랐다. | ❸(　　　　) 체계가 조직적이었다. | ❹(　　　　) 안에서 죽을 수 없었다. |

🔍 어휘 정리

1 빈칸에 알맞은 낱말을 ○보기○에서 찾아 쓰세요.

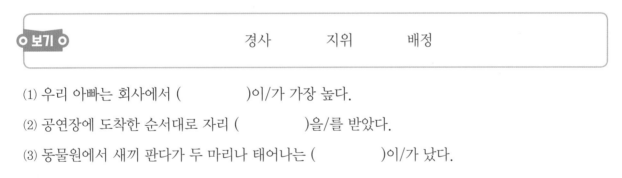

| ○보기○ | 경사　　　　지위　　　　배정 |

(1) 우리 아빠는 회사에서 (　　　　)이/가 가장 높다.

(2) 공연장에 도착한 순서대로 자리 (　　　　)을/를 받았다.

(3) 동물원에서 새끼 판다가 두 마리나 태어나는 (　　　　)이/가 났다.

2 다음 문장에 알맞은 낱말을 (　　) 안에서 골라 ○표 하세요.

(1) 선생님께서 학생들을 (배급하며, 통솔하며) 교실로 향하셨다.

(2) 지우는 하나를 가르쳐 주면 열을 알 만큼 (아둔하다, 총명하다).

(3) 암행어사는 신분을 숨기고 각 고을의 수령을 (감찰했다, 감상했다).

수산물 시장에 가면 오징어, 낙지, 문어, 꼴뚜기 같은 두족류를 볼 수 있습니다. 두족류란 몸이 몸통, 머리, 다리의 순서로 이루어진 연체동물로, 머리에 다리가 달린 동물이라는 뜻입니다. ㉠여러 가지 두족류 중에서 우리나라 사람들이 가장 좋아하고 즐겨 먹는 것은 오징어와 낙지입니다.

오징어와 낙지는 다음과 같은 공통점이 있습니다.

첫째, 외투막이라고 불리는 두꺼운 피부가 내장을 보호합니다. 둘째, 피 속에 구리 성분인 헤모시아닌이 들어 있어서 피가 푸른색을 띱니다. 그런데 피 속에 산소가 부족하면 투명해지기도 합니다. 셋째, 몸에 비해 눈이 큽니다. 큰 눈으로 먹이와 적을 감지하고, 물체의 밝기나 크기, 모양 등을 인식합니다. 넷째, 주변 환경에 따라 몸의 색깔이나 무늬를 바꾸기도 하고, 적이 나타나면 먹물을 뿜고 달아나기도 합니다. 다섯째, 몸 안으로 물을 빨아들였다가 깔때기 모양의 관으로 한번에 내뿜으면서 그 *반동으로 앞으로 나아갑니다. 여섯째, 새 부리처럼 생긴 날카로운 입을 가지고 있어서 먹이를 잡거나 찢을 수 있습니다. 일곱째, 다리에 아주 많은 빨판이 있어서 먹이를 움켜쥘 때 편리합니다.

오징어와 낙지는 공통점도 많지만 차이점도 많습니다.

오징어는 다리가 열 개이고, 그중에 두 개는 더듬이입니다. 오징어의 몸길이는 40센티미터 정도이고, 몸통은 원통 모양으로 생겼는데 끝으로 갈수록 뾰족해집니다. 그리고 몸통의 한쪽 끝에는 세모 모양의 지느러미가 ㉡붙어 있고, 머리에는 커다란 눈이 두 개 달려 있습니다. 주로 따뜻한 바다에 서식하는 오징어는 불빛을 잘 따르는 특성이 있어서 오징어잡이 어선들은 밤에 배에 환한 전등을 매달고 *조업합니다.

▲ 오징어

낙지는 다리가 여덟 개인데 다리의 길이가 몸통의 3~4배가 될 정도로 깁니다. 낙지는 보통 60센티미터 정도까지 자라며, 몸통은 둥근 주머니처럼 생겼습니다. 그리고 몸의 색깔은 기본적으로 회색이지만 환경에 따라 바뀝니다. 낙지는 따뜻한 물을 좋아해서 남해나 서해, 특히 모래가 섞인 갯벌에 주로 삽니다. 낮에는 갯벌 속에서 쉬고, 밤에 갯벌에 물이 들어오면 밖으로 나와 먹이를 잡습니다.

▲ 낙지

*반동: 어떤 작용에 대하여 그 반대로 작용함.
*조업합니다: 기계 따위를 움직여 일을 합니다.

1
주제

이 글의 중심 낱말을 두 가지 쓰세요.

(　　　　　　　　　　　　　　　)

2
내용 이해

오징어와 낙지의 공통점이 <u>아닌</u> 것은 무엇인가요? (　　　　)

① 다리에 빨판이 있다.

② 피가 빨간색을 띤다.

③ 몸에 비해 눈이 크다.

④ 날카로운 입으로 먹이를 잡거나 찢는다.

⑤ 주변 환경에 따라 몸의 색깔이나 무늬가 바뀐다.

3
내용 이해

오징어잡이 어선들이 밤에 배에 환한 전등을 매달고 조업하는 까닭으로 알맞은 것에 ○표 하세요.

(1) 오징어가 잘 보이지 않기 때문에 　　　　　　　　　　　　　　　(　　　)

(2) 오징어가 불빛을 잘 따르기 때문에 　　　　　　　　　　　　　　(　　　)

(3) 오징어가 따뜻한 물을 좋아하기 때문에 　　　　　　　　　　　　(　　　)

4
 비판

㉠의 내용이 믿을 만한지 알맞게 판단한 친구는 누구인지 쓰세요.

> 신애: 우리 가족도 오징어와 낙지를 즐겨 먹으므로 신뢰할 만해.
>
> 지민: 여러 가지 두족류에 대한 우리나라 사람들의 선호도를 설문 조사한 결과이므로 신뢰할 만해.
>
> 동준: 우리나라 사람들이 두족류 중에서 오징어와 낙지를 가장 좋아하고 즐겨 먹는다 는 것은 글쓴이의 주관적인 의견일 수 있으므로 신뢰하기 어려워.

(　　　　　　　　　　　　　　　)

☆ 글쓴이는 어떤 근거로 우리나라 사람들이 가장 좋아하고 즐겨 먹는 두족류가 오징어와 낙지라고 한 걸까?

5

ⓛ에 쓰인 '붙다'의 뜻으로 알맞은 것은 무엇인가요? (   )

① 시험 따위에 합격하다.

② 맞닿아 떨어지지 않다.

③ 불이 옮아 타기 시작하다.

④ 어떤 장소에 오래 머무르다.

⑤ 어떤 일에 나서거나 매달리다.

6

이 글에서 사용한 설명 방법을 알맞게 말한 친구는 누구인지 쓰세요.

> 다정: 하나의 대상을 여러 부분으로 나누어서 설명하고 있으므로 '분석'의 방법을 사용
> 했어.
>
> 주연: 어떤 대상을 일정한 기준에 따라 같은 것끼리 묶어서 설명하고 있으므로 '분류'
> 의 방법을 사용했어.
>
> 찬영: 서로 관련 있는 두 대상을 견주어 공통점과 차이점을 설명하고 있으므로 '비교'
> 와 '대조'의 방법을 사용했어.

(   )

7

이 글의 내용을 이해하는 데 도움이 되는 자료가 <u>아닌</u> 것을 두 가지 고르세요. (   )

① 오징어와 낙지의 입을 찍은 사진

② 오징어와 낙지의 몸통을 비교한 사진

③ 우리나라 월별 오징어와 낙지의 조업량을 비교한 그래프

④ 남해와 서해 가까이에 있는 수산물 시장의 위치를 나타낸 지도

⑤ 오징어와 낙지가 물을 내뿜으면서 앞으로 나아가는 모습을 찍은 동영상

☆ 글에서 설명하는 내용과 관련 없는 것을 찾아봐.

📝 내용 정리

⭐ 빈칸에 알맞은 말을 넣어 오늘 읽은 글의 내용을 정리해 보세요.

	오징어	낙지
공통점	외투막이 ❶(　　　　)을/를 보호하고, 피가 푸른색을 띤다. 몸에 비해 눈이 크고, 주변 환경에 따라 몸의 색깔이나 무늬를 바꾼다. 물을 빨아들였다가 내뿜는 반동으로 앞으로 나아간다. 입이 날카롭고, 다리에 ❷(　　　　)이/가 많다.	
차이점	다리가 ❸(　　) 개이고, 몸길이는 40센티미터 정도이며, 몸통은 원통 모양이다.	다리가 ❹(　　　　) 개이고, 몸길이는 60센티미터 정도이며, 몸통은 둥근 주머니처럼 생겼다.

🔍 어휘 정리

1 빈칸에 알맞은 낱말을 ○보기○에서 찾아 쓰세요.

> ○ 보기 ○ 　　　　반동　　　서식　　　조업

(1) 공을 내리치면 그 (　　　　)으로 공이 높이 튀어 오른다.

(2) 폭풍우가 몰아쳐 (　　　　)하던 어선들이 항구로 돌아왔다.

(3) 이곳은 야생 동물이 (　　　　)하기 좋은 환경을 갖추고 있다.

2 빈칸에 들어갈 관용어로 알맞은 것에 ○표 하세요.

> 나는 일 등을 하기 위해 　　　　　　　 시험공부를 했다.

(1) 머리를 굽히고
(　　　）

(2) 머리를 흔들며
(　　　）

(3) 머리를 싸매고
(　　　）

　㉠1986년, 영국에서 소가 갑자기 난폭한 행동을 하거나 침을 흘리고 비틀거리다가 죽는 일이 발생했습니다. 죽은 소를 *부검해 보니 놀랍게도 소의 뇌에는 작은 구멍이 무수히 뚫려 있었습니다. 이 병을 '광우병'이라고 부릅니다.

　1950년대 이후 유럽에서는 기업 중심의 대형 목축업이 발달했습니다. 기업들은 가축을 커다란 우리에 가둬 놓고 움직임을 최소화해 짧은 시간 안에 몸무게를 최대한 늘리는 방식으로 가축을 사육했습니다. 이로 인해 육류 생산이 크게 늘어 축산업자들이 배를 불렸지만 축산 폐기물이 골칫거리가 되어 버렸습니다. 내장, 머리, 뼈, 피 등 소에서 나오는 대부분을 먹는 우리나라 사람들과 달리 유럽 사람들은 살코기만 먹었습니다. 그래서 소 한 마리를 ㉡잡으면 절반 이상을 버려야 했습니다.

　1970년대 들어 전 세계적으로 환경 운동이 활발해지면서 축산 폐기물을 함부로 버리지 못하도록 규제가 강화되었습니다. 그러자 축산 기업들은 축산 폐기물을 처리하는 비용을 줄이기 위해 축산 폐기물을 열로 바짝 말린 다음 가루로 만들었습니다. 이 가루를 '육골분'이라고 합니다. 그리고 이 육골분을 닭이나 돼지 같은 잡식 동물의 사료로 사용했습니다. 그러나 그렇게 하고도 육골분이 어마어마하게 남아돌자 양이나 소 같은 초식 동물의 사료로까지 사용하게 되었고, 육골분을 먹은 소에게서 광우병이 발생하게 된 것입니다.

　과학자들은 오랜 연구 끝에 광우병을 일으키는 병원균이 '프리온'이라는 것을 밝혀냈습니다. '프리온(prion)'은 '단백질(protein)'과 '바이러스 입자(virion)'를 합성한 단어로 '전염력을 가진 단백질'이라는 뜻인데, 소의 뇌와 척수, 편도, 눈, 내장 등에 많이 들어 있습니다. 프리온이 소의 뇌와 신경계를 공격하면 뇌에 구멍이 숭숭 뚫리게 됩니다. 프리온은 요리를 하거나 삶아도 죽지 않고, 아직까지 광우병을 치료하는 약도 개발되지 않았습니다.

　사람이 광우병에 걸린 소의 고기를 먹으면 인간 광우병에 걸릴 수 있습니다. 1996년에 영국에서 인간 광우병에 걸린 환자가 최초로 보고된 이후 과학자들은 인간 광우병에 대해 연구를 거듭했습니다. 과학자들이 권위 있는 국제 *학술지인 『네이처』, 『사이언스』 등에 실은 논문에 따르면, ㉢인간 광우병에 걸리면 광우병에 걸린 소처럼 뇌에 구멍이 뚫려 점점 기억력이 떨어지고 평형 감각도 *둔화되면서 치매로 발전해 결국 사망하게 됩니다.

* 부검해: 해부하여 검사해.
* 학술지: 학술·예술 분야에 관한 전문적인 글을 싣는 잡지.
* 둔화되면서: 느려지고 무디어지면서.

1

주제

이 글은 무엇에 대해 설명하고 있나요? (　　　)

① 목축업의 발달 　　　　　② 환경 운동의 종류

③ 육골분의 활용 방안 　　　④ 축산 폐기물의 문제점

⑤ 광우병의 증상과 발생 과정

2

내용 이해

축산 기업들이 육골분을 만든 까닭은 무엇인가요? (　　　)

① 잡식 동물의 사료가 부족해서

② 초식 동물의 수를 늘리기 위해서

③ 전 세계적으로 육골분의 양이 부족해서

④ 축산 폐기물을 처리하는 비용을 줄이기 위해서

⑤ 축산 폐기물을 처리하는 것에 대한 규제가 풀려서

3

내용 이해

프리온에 대한 설명으로 알맞으면 ○표, 알맞지 <u>않으면</u> ×표 하세요.

(1) 광우병을 일으키는 병원균이다. 　　　　　　　　　　　　　　　　(　　)

(2) 요리를 하거나 삶으면 없어진다. 　　　　　　　　　　　　　　　　(　　)

(3) 소의 뇌, 척수, 편도, 눈, 내장에는 들어 있지 않다. 　　　　　　　(　　)

(4) 프리온이 소의 뇌와 신경계를 공격하면 뇌에 구멍이 뚫린다. 　　(　　)

4

추론

㉠에 가장 어울리는 자료는 무엇인가요? (　　　)

① 소가 풀을 뜯고 있는 사진

② 광우병에 걸린 소의 뇌 사진

③ 광우병 이동 경로를 나타낸 지도

④ 소의 부위별 쓰임새를 나타낸 그림

⑤ 소의 몸무게 변화 과정을 나타낸 그래프

5 밑줄 친 낱말 중 ⓒ'잡으면'과 뜻이 같은 것에 ○표 하세요.

어휘·표현

(1) 나는 어머니의 손을 꼭 잡았다. ( )

(2) 늦은 시간이어서 택시를 잡기 힘들었다. ( )

(3) 집주인은 닭을 잡아 손님에게 점심을 대접했다. ( )

6 ⓒ의 내용이 믿을 만한지 알맞게 판단한 것의 기호를 쓰세요.

비판

> ㉮ 과학자들이 인간 광우병에 대해 연구해서 알아낸 사실이므로 신뢰할 수 있다.
>
> ㉯ 광우병에 걸린 소의 증상을 바탕으로 글쓴이가 추측한 내용이므로 신뢰할 수 없다.
>
> ㉰ 최초로 인간 광우병에 걸린 환자의 사례를 과장해서 해석한 내용이므로 신뢰하기
> 어렵다.

( )

7 이 글에서 설명한 광우병과 다음 자료에서 설명한 조류 독감을 '비교'의 방법으로 설명한
것에 ○표 하세요.

적용·창의

> 조류 독감은 오리, 닭 같은 조류가 걸리는 전염병을 말합니다. 오리나 닭 등이 조류
> 독감에 걸리면 호흡기 증상과 설사가 발생하고, 산란율이 급격히 떨어지게 됩니다.
> 조류 독감에 걸린 닭이나 오리를 접촉할 경우 사람도 조류 독감에 걸릴 확률이 높습니
> 다. 사람이 조류 독감에 감염되면 고열, 기침, 인후통, 호흡 곤란 등 독감과 비슷한 증
> 상이 나타납니다. 그러나 조류 독감 바이러스는 75도 이상에서 5분 이상 가열하면 모
> 두 죽기 때문에 충분히 익혀 먹으면 사람에게 감염되지 않습니다.

(1) 광우병과 조류 독감은 동물의 질병이지만 사람도 걸릴 수 있다. ( )

(2) 광우병에 걸린 소는 뇌에 구멍이 뚫리는 증상이 나타나고, 조류 독감에 걸린 닭이나 오리
는 호흡기 증상과 설사가 발생한다. ( )

(3) 광우병을 일으키는 병원균은 요리를 하거나 삶아도 죽지 않지만, 조류 독감 바이러스는
75도 이상에서 5분 이상 가열하면 모두 죽는다. ( )

☆ 광우병과 조류 독감의 공통점을 설명한 것을 찾아봐.

📝 내용 정리

⭐ 빈칸에 알맞은 말을 넣어 오늘 읽은 글의 내용을 정리해 보세요.

> 광우병은 소의 ❶(　　　)에 작은 구멍들이 뚫려 소가 난폭한 행동을 하거나 침을 흘리고 비틀거리다가 죽는 병이다. 축산 폐기물로 만든 ❷(　　　　　　　)을/를 초식 동물에게 먹여 광우병이 발생했다. 광우병을 일으키는 병원균인 ❸(　　　　　　)은/는 요리를 하거나 삶아도 죽지 않는다. 사람이 광우병에 걸린 소의 고기를 먹으면 ❹(　　　　　　　) 에 걸려 사망할 수 있다.

🔍 어휘 정리

1 빈칸에 알맞은 낱말을 ○보기○에서 찾아 쓰세요.

> | ○ 보기 ○ | 둔화　　　부검　　　폐기물 |
> | --- | --- |

(1) 가족들의 뜻에 따라 시신을 (　　　　　　)하지 않기로 했다.

(2) 토양 오염을 일으키는 (　　　　　　)은/는 불에 태우기도 한다.

(3) 할머니께서는 미각이 (　　　　　　)되어 맛을 잘 느끼지 못하셨다.

2 밑줄 친 관용어의 뜻으로 알맞은 것에 ○표 하세요.

> 육류 생산이 크게 늘어 축산업자들이 <u>배를 불렸다.</u>

(1) 남이 잘되는 것에 심술이 나서 속을 태우다. 　　　　　　　　　　(　)

(2) 먹은 것이 없어서 배가 홀쭉하고 몹시 허기지다. 　　　　　　　　(　)

(3) 재물이나 이득을 많이 차지하여 자기 욕심을 채우다. 　　　　　　(　)

낱말 미로

앞에서 배운 낱말을 떠올려 보고, 퀴즈를 풀며 미로를 탈출해 보세요.

'어떤 기관이나 단체에 속하게 되다.'라는 뜻을 가진 낱말은?

소속되다

"전쟁이 일어나면 많은 문화재가 ○○될 수 있어."에서 빈칸에 들어갈 낱말은?

소실

소집되다

생성

"전봉준은 신분 제도의 나쁜 점을 지적하며 ○○를 주장했어."에서 빈칸에 들어갈 낱말은?

철폐

장례의 한 방식으로, 시체를 불에 태워서 재로 만드는 것을 무엇이라고 할까?

화장

매장

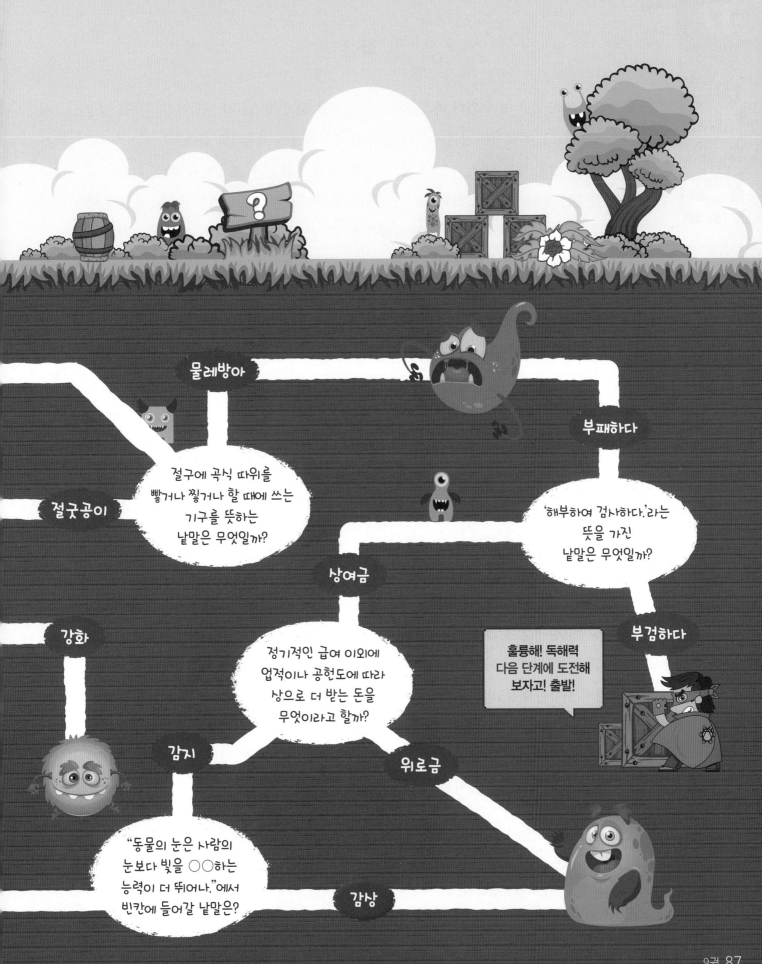

물레방아

부패하다

절구공이

절구에 곡식 따위를
빻거나 찧거나 할 때에 쓰는
기구를 뜻하는
낱말은 무엇일까?

'해부하여 검사하다.'라는
뜻을 가진
낱말은 무엇일까?

상여금

강화

부검하다

정기적인 급여 이외에
업적이나 공헌도에 따라
상으로 더 받는 돈을
무엇이라고 할까?

훌륭해! 독해력
다음 단계에 도전해
보자고! 출발!

감지

위로금

"동물의 눈은 사람의
눈보다 빛을 ○○하는
능력이 더 뛰어나."에서
빈칸에 들어갈 낱말은?

감상

화산

화산은 지하 깊은 곳에 있던 마그마가 지각의 틈을 뚫고 솟아올라 만들어진 지형을 말한다.(㉮) 때로는 폭발이나 *함몰에 의해 움푹 들어간 지형을 이루기도 한다.

화산이 폭발할 때는 화산 가스, 용암, 화산재, 화산 암석 등이 분출된다. 화산 가스는 화산이 분출할 때 하얀색이나 회색의 ㉠연기처럼 나온다. 대부분 수증기이며, 이산화 탄소나 황화 수소 등 여러 기체가 들어 있다. 용암은 마그마가 지표면으로 나온 것으로, 용암의 온도는 보통 1000~1200도인데 온도가 600~700도로 내려가면서부터 용암이 굳기 시작한다. 화산재는 회색이고 재와 비슷하게 생겼으며 손으로 만져 보면 부드럽다. 화산 암석 조각은 진한 회색이고 둥근 모양이며 손으로 만져 보면 거칠거칠하다.

화산 활동은 우리 생활에 부정적인 영향도 끼치고 긍정적인 영향도 끼친다.(㉯) 뜨거운 용암이 흘러내리면 마을과 농경지가 파괴되고, 화재가 발생하기도 한다. 또 화산재가 햇빛의 일부를 차단해 대기의 온도를 낮추고, 항공 운항에 지장을 준다. 이탈리아의 고대 도시 폼페이에서는 화산 활동이 있었을 때 사람들이 미처 피하지 못하고 화산재에 의해 화석이 되기도 했다. 사람들은 화산 활동으로 생긴 분화구를 이용해 관광 산업을 하거나 마그마로 데워진 열을 이용해 *지열 발전을 하기도 한다.(㉰) 또 *비옥한 화산회토를 이용해 포도, 커피, 바나나 등을 재배하기도 한다.

『화산은 분출된 용암의 종류에 따라 순상 화산, 종상 화산, 성층 화산으로 나뉜다. 순상 화산은 경사면이 완만하고 밑바닥의 면적이 넓은 화산이다. *점성이 낮아 멀리까지 퍼지기 쉬운 현무암질 용암에 의해서 형성된다. 하와이의 마우나로아산, 제주도의 한라산 등이 순상 화산에 속한다.(㉱) 종상 화산은 경사가 급한 화산이다. 점성이 매우 높아서 멀리까지 흘러가지 못하는 유문암질 용암 또는 안산암질 용암에 의해서 형성된다. 제주도의 산방산, 울릉도 등이 종상 화산에 해당한다.(㉲) 성층 화산은 용암과 화산재가 번갈아 가며 층층이 쌓인 원뿔형 화산으로 복식 화산으로 불리기도 한다. 대표적인 성층 화산으로는 일본의 후지산, 필리핀의 마욘산 등이 있다.』

* 함몰: 물속이나 땅속에 빠짐.
* 지열 발전: 땅속에서 나오는 증기와 더운물을 이용해 전기를 일으킴.
* 비옥한: 흙에 식물이 잘 자랄 수 있게 하는 성분이 많이 들어 있는.
* 점성: 차지고 끈끈한 성질.

1

내용 이해

이 글의 내용으로 알맞지 <u>않은</u> 것은 무엇인가요? (　　　)

① 화산재는 회색이고 부드럽다.

② 화산 암석 조각의 표면은 거칠거칠하다.

③ 용암이 지표면으로 나온 것을 '마그마'라고 한다.

④ 화산 가스에는 수증기와 여러 기체가 들어 있다.

⑤ 화산은 마그마가 지각의 틈을 뚫고 솟아올라 만들어진 지형이다.

2

내용 이해

화산 활동이 우리 생활에 끼치는 긍정적인 점에는 '긍', 부정적인 점에는 '부'라고 쓰세요.

(1) 마그마로 데워진 열을 이용해 지열 발전을 한다.　　　　　　　　(　　　)

(2) 화산재가 햇빛을 차단해 항공 운항에 지장을 준다.　　　　　　　(　　　)

(3) 뜨거운 용암이 흘러내리면 마을과 농경지가 파괴된다.　　　　　　(　　　)

(4) 화산회토를 이용해 포도, 커피, 바나나 등을 재배한다.　　　　　　(　　　)

3

추론

㉮~㉺ 중 다음 글이 들어가기에 알맞은 부분은 어디인가요? (　　　)

> 바다에서 화산이 폭발하면 엄청난 해일이 발생하기도 한다. 1883년, 인도네시아의 크라카타우섬에서 화산 활동으로 인해 발생한 해일은 자바섬과 수마트라섬을 덮쳐 3만 6000명의 희생자가 발생했다.

① ㉮　　　　　② ㉯　　　　　③ ㉰　　　　　④ ㉱　　　　　⑤ ㉲

☆ 제시된 글은 화산 활동으로 인한 피해를 설명하고 있어.

4

어휘·표현

㉠'연기'와 같은 뜻으로 짧은 글을 지은 것에 ○표 하세요.

(1) 개학 날짜가 일주일 연기되었다.　　　　　　　　　　　　　　(　　　)

(2) 그 배우는 내면 연기가 훌륭하다.　　　　　　　　　　　　　　(　　　)

(3) 아궁이에 불을 때면 굴뚝에서 연기가 난다.　　　　　　　　　　(　　　)

5 『 』부분에서 사용한 설명 방법으로 알맞은 것의 기호를 쓰세요.

짜임

> ㉮ 여러 대상을 맞대어 놓고 공통점을 설명했다.
> ㉯ 명언이나 속담 등 다른 사람의 말이나 글을 인용해 설명했다.
> ㉰ 하나의 대상을 그것을 이루는 구성 요소로 나누어서 설명했다.
> ㉱ 어떤 대상을 일정한 기준에 따라 같은 것끼리 묶어서 설명했다.

(   )

☆ 분출된 용암의 종류에 따라 화산을 묶어서 설명했어.

6 이 글에 덧붙일 자료로 알맞지 <u>않은</u> 것은 무엇인가요? (   )

추론

① 화산이 폭발하는 모습을 찍은 사진
② 나무가 우거진 산의 모습을 찍은 사진
③ 순상 화산, 종상 화산, 성층 화산을 그린 그림
④ 관광객들이 분화구를 살펴보는 모습을 찍은 사진
⑤ 용암이 흘러내려 농경지를 뒤덮은 모습을 찍은 사진

7 이 글을 읽은 태환이가 궁금한 점을 해결하기 위해 더 찾아보아야 할 자료는 무엇인가요?

적용·창의

(   )

화산 가스에는 산성비의 원인이면서 사람의 몸에 해로운 유독 성분이 있대. 그게 어떤 성분인지 알고 싶어.

태환

① 산성비가 내리는 모습의 동영상
② 화산 가스가 분출되는 모습의 사진
③ 화산 가스가 분출되는 소리를 녹음한 자료
④ 화산 가스를 구성하는 성분을 분석한 자료
⑤ 사람의 몸에 해로운 약 성분들을 모아 놓은 도표

📝 내용 정리

⭐ 빈칸에 알맞은 말을 넣어 오늘 읽은 글의 내용을 정리해 보세요.

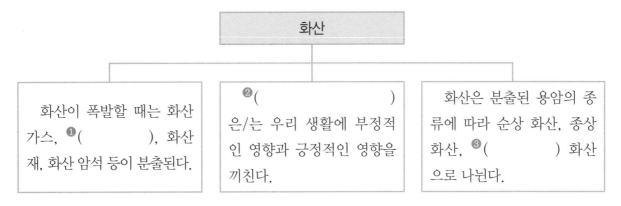

화산

| 화산이 폭발할 때는 화산 가스, ❶( ), 화산재, 화산 암석 등이 분출된다. | ❷( ) 은/는 우리 생활에 부정적인 영향과 긍정적인 영향을 끼친다. | 화산은 분출된 용암의 종류에 따라 순상 화산, 종상 화산, ❸( ) 화산으로 나뉜다. |

🔍 어휘 정리

1 빈칸에 알맞은 낱말을 ○보기○에서 찾아 쓰세요.

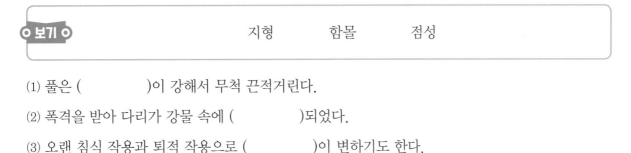

| ○ 보기 ○ | 지형   함몰   점성 |

(1) 풀은 ( )이 강해서 무척 끈적거린다.

(2) 폭격을 받아 다리가 강물 속에 ( )되었다.

(3) 오랜 침식 작용과 퇴적 작용으로 ( )이 변하기도 한다.

2 다음 문장에 알맞은 낱말을 ( ) 안에서 골라 ○표 하세요.

(1) 땅이 (비옥해, 척박해) 비료 없이도 농사가 잘되었다.

(2) 소음을 (차단하기, 허용하기) 위해 방음벽을 설치했다.

(3) 이 산은 경사가 (급해서, 완만해서) 별로 힘들이지 않고 오를 수 있다.

1 간은 우리 몸에서 가장 크고 복잡한 *장기로, 우리 몸의 오른쪽 갈비뼈 아래에 있습니다. 무게가 1.2~1.5킬로그램 정도로, 보통 어른 몸무게의 50분의 1이나 됩니다. 간이 하는 일은 무려 오백 가지가 넘습니다. 그중에서 중요한 몇 가지에 대해 알아봅시다.

2 첫째, 간은 소화액인 담즙을 *분비합니다. 보통 하루에 800~1000밀리리터의 담즙을 분비하는데, 담즙에는 지방을 분해하는 데 필요한 담즙산염이 들어 있습니다.

3 둘째, 간은 우리 몸에 필요한 영양소를 저장해 두었다가 제때 쓰는 일을 합니다. 간은 포도당, 유산, 아미노산 등을 글리코겐 형태로 저장했다가 필요할 때 포도당으로 전환해 우리 몸에 필요한 에너지를 발생시킵니다. 탄수화물이 지나치게 많을 때는 지방으로 전환해 저장했다가 탄수화물이 부족할 때 분해해 에너지원으로 사용합니다.

4 셋째, 간은 우리 몸의 독소를 제거하는 일을 합니다. 입으로 들어간 음식물은 위에서 소화 작용을 거쳐 간에 도달합니다. 이 중 단백질은 분해되면서 우리 몸에 해로운 암모니아를 만들어 냅니다. 간은 이 암모니아를 '요소'라는 물질로 만들어 오줌으로 내보냅니다. 오줌에서 지린내가 ㉠나는 것은 바로 요소 때문입니다.

5 넷째, 간은 혈액을 *응고시키는 물질인 프로트롬빈을 만들어 냅니다. 간이 안 좋은 사람이 잇몸에서 피가 ㉡나거나 쉽게 멍이 드는 까닭은 프로트롬빈이 부족하기 때문입니다.

6 다섯째, 간은 죽은 적혈구를 분해하는 일을 합니다. 적혈구는 피에 섞여 우리 몸 구석구석에 산소를 공급해 주는데, 보통 120일 정도 살다가 간에 가서 죽습니다. 간은 죽은 적혈구 속의 헤모글로빈을 분해해 노란빛을 띠는 '빌리루빈'이라는 물질을 만들어 냅니다. 이 빌리루빈은 간에서 쓸개로 내려가 똥이나 오줌에 섞여 몸 밖으로 나옵니다. 똥이나 오줌이 누르스름한 것은 빌리루빈 때문입니다.

7 이렇듯 간은 많은 일을 합니다. 간은 한번 *손상되면 회복하기 어렵기 때문에 평소에 관리를 잘해야 합니다. 운동을 적당히 하고 음식을 골고루 먹는 습관을 들여 간 건강을 지킬 수 있도록 노력합시다.

＊장기: 몸속에 있는 여러 기관.
＊분비합니다: 세포에서 만들어진 액체를 세포 밖으로 내보냅니다.
＊응고시키는: 액체 따위가 엉겨서 뭉쳐 딱딱하게 굳게 하는.
＊손상되면: 병이 들거나 다치면.

1 주제

이 글의 제목을 알맞게 지은 것은 무엇인가요? (   )

① 간의 구조

② 간의 역할

③ 우리 몸의 장기

④ 혈액 순환의 중요성

⑤ 우리 몸에 필요한 영양소

2 짜임

이 글을 설명하는 글의 짜임에 알맞게 나눈 것은 무엇인가요? (   )

	처음	가운데	끝
①	**1**	**2**, **3**	**4**, **5**, **6**, **7**
②	**1**	**2**, **3**, **4**, **5**	**6**, **7**
③	**1**	**2**, **3**, **4**, **5**, **6**	**7**
④	**1**, **2**	**3**, **4**, **5**	**6**, **7**
⑤	**1**, **2**	**3**, **4**, **5**, **6**	**7**

☆ 설명하는 대상에 대해 자세하게 알려 주는 부분이 가운데 부분이야.

3 내용 이해

간에 대한 설명으로 알맞지 <u>않은</u> 것은 무엇인가요? (   )

① 담즙을 분비한다.

② 오른쪽 갈비뼈 아래에 있다.

③ 우리 몸에서 가장 큰 장기이다.

④ 우리 몸속에서 암모니아를 만들어 낸다.

⑤ 우리 몸에 필요한 영양소를 저장했다가 제때 쓰는 일을 한다.

4 내용 이해

똥이나 오줌의 색깔에 영향을 주는 물질은 무엇인지 글에서 찾아 쓰세요.

(   )

5

어휘·표현

㉠과 ㉡에 대한 설명으로 알맞지 <u>않은</u> 것은 무엇인가요? (   )

① ㉠과 ㉡은 다의어에 해당한다.

② ㉠과 ㉡은 글자만 같고 서로 다른 낱말이다.

③ ㉠은 '소리, 냄새 따위가 밖으로 드러나다.'라는 뜻을 가진다.

④ ㉠과 ㉡은 하나의 낱말이 두 가지 이상의 뜻을 가진 경우이다.

⑤ ㉡은 '신체에서 땀, 피, 눈물 따위의 액체 성분이 흐르다.'라는 뜻을 가진다.

☆ 앞뒤 내용을 통해 뜻을 짐작해 보고, 다의어인지 동형어인지 구분해 봐.

6

추론

이 글을 발표할 때 함께 보여 줄 자료로 알맞은 것에 ○표 하세요.

⑴ 탄수화물과 지방이 들어 있는 음식을 분류한 사진 ( )

⑵ 우리 몸속에서 간의 위치와 간의 모양을 보여 주는 그림 ( )

⑶ 나이대별 질병으로 사망하는 사람의 수를 나타낸 그래프 ( )

7

비판

이 글의 신뢰성을 높일 수 있는 방법을 알맞게 말한 친구는 누구인가요? (   )

① 글쓴이의 생각이나 느낌을 덧붙여야 해.

② 간에 생길 수 있는 병과 예방법을 설명해야 해.

③ 우리나라 성인의 하루 운동량에 대해 설문 조사한 결과를 제시해야 해.

④ 간은 하는 일이 많으므로 우리 몸에서 가장 중요하다는 내용을 덧붙여야 해.

⑤ 간이 한번 손상되면 왜 회복하기 어려운지 알려 주는 전문가의 말을 인용해야 해.

내용 정리

★ 빈칸에 알맞은 말을 쓰거나 ○표를 하여 오늘 읽은 글의 내용을 정리해 보세요.

처음	간이 하는 중요한 일에 대해 알아보자.
가운데	• 소화액인 ❶( )을/를 분비한다. • 우리 몸에 필요한 영양소를 저장해 두었다가 제때 쓰는 일을 한다. • 우리 몸의 ❷( )을/를 제거한다. • ❸(혈액, 분비물)을 응고시키는 프로트롬빈을 만들어 낸다. • 죽은 ❹(백혈구, 적혈구)를 분해한다.
끝	운동을 적당히 하고 음식을 골고루 먹는 습관을 들여 간 건강을 지키자.

어휘 정리

1 빈칸에 알맞은 낱말을 ○보기○에서 찾아 쓰세요.

> ○ 보기 ○   응고   분비   손상

⑴ 동물은 음식을 보면 침을 더 많이 (   )한다.

⑵ 녹은 초콜릿을 (   )시키기 위해 냉동실에 넣었다.

⑶ 텔레비전을 너무 가까이 보면 시력이 (   )될 수 있다.

2 밑줄 친 관용어의 뜻으로 알맞은 것에 ○표 하세요.

> 햄버거 한 개로는 <u>간에 기별도 안 간다.</u>

⑴ 겁이 없고 매우 대담하다.   (   )

⑵ 먹은 것이 너무 적어 먹으나 마나 하다.   (   )

⑶ 몹시 두렵거나 놀라워 가슴이 두근거리다.   (   )

　자전거의 종류에는 로드 자전거, 산악자전거, 하이 브리드 자전거, 리컴번트 자전거 등이 있다.

　로드 자전거는 빠른 속도를 내기 위한 자전거로, 흔히 '사이클'이라고 부른다. 빠른 속도를 내기 위해 무게를 최대한 줄이고, 얇은 타이어를 사용한다. 또 공기 *저항을 줄이기 위해 안장 높이가 핸들보다 높은 게 특징이다.

　산악자전거는 험난한 산길을 달리기 위한 자전거로, '엠티비(MTB)'라고 부른다. 타이어가 두껍고 기어를 21단, 24단, 27단 등으로 *변속할 수 있어서 경사진 길이나 비포장도로를 쉽게 달릴 수 있다. 또 앞뒤에 충격을 흡수할 수 있는 완충 장치가 있고, 험난한 산길에서 빠르게 멈출 수 있도록 특수 *제동 장치가 부착되어 있다.

　하이브리드 자전거는 로드 자전거와 산악자전거를 섞어 놓은 것으로, 도심에서 출퇴근이나 외출용으로 많이 사용한다.

　리컴번트 자전거는 누워서 ㉠타는 자전거로, 비스듬히 몸을 눕혀 페달을 밟으므로 공기 저항이 적고 일반적인 자전거보다 빠르다.

　자전거의 구조는 크게 몸체, 동력 전달부, 제동부, 조향부로 나뉜다.

　몸체는 자전거의 골격과 외형을 유지하는 부분으로 튼튼한 재질로 만든다. 사람의 몸무게를 잘 견디고 힘의 균형이 이루어지도록 삼각형 두 개로 이루어진 마름모 모양으로 만든다.

　동력 전달부는 페달, 체인, 바퀴 등으로 구성되어 있다. 페달을 밟으면 그 힘이 체인을 통해 뒷바퀴로 전달되어 앞으로 나아가게 된다.

㉡　제동부는 바퀴의 회전 속도를 조절하거나 멈추게 하는 부분으로, 브레이크가 이에 해당한다. 브레이크 레버를 당기면 브레이크가 바퀴의 가장자리에 달라붙어 마찰력이 생기면서 바퀴의 회전이 멈추게 된다. 보통 오른쪽 브레이크 레버를 당기면 앞바퀴의 브레이크가 작동하고, 왼쪽 브레이크 레버를 당기면 뒷바퀴의 브레이크가 작동한다.

　조향부는 자전거의 진행 방향을 조정하는 부분으로, 핸들, 핸들 바, 손잡이 등으로 구성된다.

*저항: 물체의 운동 방향과 반대 방향으로 작용하는 힘.
*변속할: 속도를 바꿀.
*제동: 기계나 자동차 따위의 운동을 멈추게 함.

1

주제

이 글에서 설명하는 것은 무엇인지 쓰세요.

자전거의 (1)(   )과/와 (2)(   )

☆ 글을 읽고 무엇을 알 수 있는지 파악해 봐.

2

내용 이해

산악자전거를 험난한 산길에서 탈 수 있는 까닭으로 알맞은 것의 기호를 쓰세요.

㉮ 기어 변속이 힘들기 때문이다.

㉯ 얇은 타이어를 사용하기 때문이다.

㉰ 앞뒤에 완충 장치가 있기 때문이다.

㉱ 자전거가 천천히 멈출 수 있게 하는 특수 제동 장치가 있기 때문이다.

(   )

3

내용 이해

자전거의 구조에 대한 설명으로 알맞지 <u>않은</u> 것은 무엇인가요? (   )

① 핸들, 핸들 바, 손잡이는 조향부에 해당한다.

② 몸체는 튼튼한 재질을 이용하여 마름모 모양으로 만든다.

③ 바퀴의 회전 속도를 조절하고 멈추게 하는 부분은 제동부이다.

④ 자전거는 크게 몸체, 동력 전달부, 제동부, 조향부로 되어 있다.

⑤ 동력 전달부의 페달을 밟으면 그 힘이 앞바퀴로 전달되어 자전거가 움직인다.

4

어휘·표현

밑줄 친 낱말이 ㉠'타는'과 같은 뜻으로 쓰인 것은 무엇인가요? (   )

① 우유에 꿀을 <u>타다</u>.   ② 장작이 활활 <u>타다</u>.

③ 부끄러움을 잘 <u>타다</u>.   ④ 섬으로 가려고 배를 <u>타다</u>.

⑤ 피아노 경연 대회에서 상을 <u>타다</u>.

5

ⓛ에서 사용한 설명 방법으로 알맞은 것은 무엇인가요? (   )

① 대상의 뜻을 밝혀 설명했다.

② 여러 대상의 공통점을 중심으로 설명했다.

③ 하나의 대상을 여러 부분으로 나누어서 설명했다.

④ 어떤 일에 대한 원인과 그에 따른 결과를 중심으로 설명했다.

⑤ 어떤 대상을 일정한 기준에 따라 같은 것끼리 묶어서 설명했다.

☆ 자전거의 구조를 어떤 방법으로 설명했는지 파악해 봐.

6 추론

이 글의 내용을 이해하는 데 도움이 되는 자료가 <u>아닌</u> 것은 무엇인가요? (   )

① 산악자전거의 기어를 변속하는 동영상

② 월별 자전거 판매량을 나타내는 그래프

③ 누워서 리컴번트 자전거를 타는 사람의 사진

④ 안장의 높이가 핸들보다 높은 로드 자전거의 사진

⑤ 하이브리드 자전거를 타고 도심을 달리는 가족의 사진

7 적용·창의

다음 가족에게 알맞은 자전거의 종류는 무엇인지 글에서 찾아 쓰세요.

> 엄마: 우리 가족의 건강을 위해서 자전거를 하나씩 살까요?
>
> 아빠: 좋은 생각이에요. 우리는 회사에 갈 때 타고, 지윤이는 학교에 갈 때 타면 되겠
> 네요.
>
> 지윤: 로드 자전거와 산악자전거를 조합해 놓은 자전거가 있다던데, 그걸 사면 될 것
> 같아요.
>
> 엄마, 아빠: 그래, 좋아!

(   )

📝 내용 정리

⭐ 빈칸에 알맞은 말을 쓰거나 ○표를 하여 오늘 읽은 글의 내용을 정리해 보세요.

자전거의 종류	자전거의 구조
• 로드 자전거: 빠른 속도를 내기 위한 자전거로, 공기 저항을 줄이기 위해 ❶( ) 높이가 핸들보다 높음. • 산악자전거: 험난한 산길을 달리기 위한 자전거로, 완충 장치와 특수 제동 장치가 있음. • 하이브리드 자전거: 도심에서 출퇴근이나 외출용으로 사용함. • 리컴번트 자전거: ❷(서서, 누워서) 타는 자전거로, 일반적인 자전거보다 빠름.	• 몸체: 자전거의 골격과 외형을 유지하는 부분임. • 동력 전달부: ❸( ), 체인, 바퀴 등으로 구성되어 있음. • 제동부: 바퀴의 회전 속도를 조절하거나 멈추게 하는 부분으로, ❹( ) 이/가 해당함. • 조향부: 자전거의 진행 방향을 조정하는 부분으로, 핸들, 핸들 바, 손잡이 등으로 구성됨.

🔍 어휘 정리

1 다음 문장에 알맞은 낱말을 (   ) 안에서 골라 ○표 하세요.

⑴ 건물의 (골격, 골반)이 하나하나 이루어져 가고 있다.

⑵ 물의 (재앙, 저항)을 줄일 수 있는 수영복이 개발되었다.

⑶ 이 자전거는 (제동, 완충) 장치가 낡아서 빠르게 멈출 수 없다.

2 빈칸에 들어갈 관용어로 알맞은 것에 ○표 하세요.

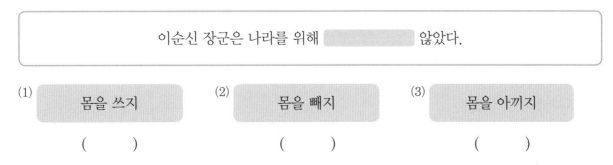

이순신 장군은 나라를 위해   않았다.

(1) 몸을 쓰지 (   )

(2) 몸을 빼지 (   )

(3) 몸을 아끼지 (   )

울릉도를 다녀와서

지난 토요일, 우리 가족은 울릉도로 향했다. 울릉도까지 가는 ㉠길은 정말 멀었다. 우리는 새벽 4시에 묵호항으로 가는 버스를 탔다. 버스가 서너 시간을 달린 끝에 드디어 묵호항 주차장에 도착했다. 주차장은 전국 각지에서 온 사람들로 벌써 만원이었다.

묵호항에서 울릉도로 가는 배는 하루에 두 번 운항한다. 우리는 10시에 출발하는 배를 탔다. 나는 멀미약을 먹었는데도 높은 파도에 속이 울렁거렸다. 우리는 저동항과 함께 울릉도에서 번화한 항구 중 하나인 도동항에 내렸다. 도동항을 감싸듯 높게 솟아오른 기암괴석이 우리를 반겨 주는 듯했다. 어머니께서 울릉도에는 도둑, 공해, 뱀, 세 가지가 없는 반면 향나무, 바람, 미인, 물, 돌, 다섯 가지는 많아서 울릉도를 '삼무오다(三無五多)의 섬'이라고 한다고 말씀해 주셨다. 어머니 말씀을 들으니 빨리 이곳저곳을 구경하고 싶었다.

우리는 점심을 간단히 먹고 나서 해상 관광을 위해 유람선에 올랐다. 유람선 선장님의 설명을 들으며 울릉도의 멋진 풍경을 감상했다.

『울릉도는 울릉읍, 서면, 북면으로 구성되어 있다. 울릉읍은 동해의 어업 전진 기지인 저동항과 육지 사람들이 드나드는 도동항이 있으며, 전형적인 어촌의 고즈넉함을 느낄 수 있는 곳이다. 서면은 울릉도만이 갖고 있는 태고의 원시림과 기암절벽이 장관을 이룬다. 서면에 위치한 태하리에는 희귀한 풀들이 가득하고, 저녁 녘에 망향봉에 오르면 환하게 등불을 밝힌 오징어잡이 배들을 구경할 수 있다. 북면에는 공암, 삼선암, 관음도, 죽도 등 유명한 관광지가 많다. 그중에서 죽도는 대나무가 많아 '댓섬'으로 불리며, 365개의 나선형 계단을 오르면 울릉도의 아름다운 경치를 한눈에 볼 수 있다.』

우리는 유람선에서 내려 숙소로 가는 ㉡길에 저녁을 먹었다. 소화를 시킬 겸 ㉢길을 따라 걷다 보니 낯선 꽃과 풀이 눈에 띄었다. ㉣어느 책에서 읽었는데 울릉도에 자생하는 식물은 무려 600여 종이고, 울릉도의 특산 식물은 30여 종이라고 한다. 새삼 자연의 보고인 울릉도에 온 것이 행복했다. 그리고 다음 날 식물원에 가서 희귀한 식물들을 직접 볼 수 있다고 생각하니 마음이 설렜다.

*고즈넉함: 고요하고 아늑함.
*태고: 아득한 옛날.
*나선형: 소라의 껍데기처럼 한 방향으로 비틀려 빙빙 돌아간 모양.
*보고: 귀중한 것이 많이 나거나 간직되어 있는 곳을 비유적으로 이르는 말.

1

내용 이해

글쓴이는 언제, 어디로 여행을 갔는지 쓰세요.

(1) 언제: (   )

(2) 어디로: (   )

2

내용 이해

이 글의 내용으로 알맞지 <u>않은</u> 것은 무엇인가요? (   )

① 도동항은 동해의 어업 전진 기지이다.

② 서면의 태하리에는 희귀한 풀들이 가득하다.

③ 울릉도에서 번화한 항구는 도동항과 저동항이다.

④ 묵호항에서 울릉도로 가는 배는 하루에 두 번 운항한다.

⑤ 죽도의 나선형 계단을 오르면 울릉도의 경치를 한눈에 볼 수 있다.

3

어휘·표현

㉠~㉢에 쓰인 '길'의 뜻에 알맞게 선으로 이으세요.

(1) ㉠ •

(2) ㉡ •

(3) ㉢ •

• ㉮ 어떠한 일을 하는 도중이나 기회.

• ㉯ 걷거나 탈것을 타고 어느 곳으로 가는 노정.

• ㉰ 사람이나 동물 또는 자동차 따위가 지나갈 수 있게 땅 위에 낸 일정한 너비의 공간.

4

짜임

다음은 설명하는 글의 일부분입니다. 『　』부분과 같은 방법으로 설명했을 글을 찾아 ○표 하세요.

(1) 꽃은 암술, 수술, 꽃잎, 꽃받침으로 이루어져 있다.   (   )

(2) 시는 형식에 따라 자유시, 정형시, 산문시로 나눌 수 있다.   (   )

(3) 영화와 연극은 여러 예술이 어우러져 완성된 종합 예술이다.   (   )

☆ 『　』부분은 울릉도를 세 개의 구역으로 나누어서 설명했어.

5

비판

ㄹ의 신뢰성을 알맞게 비판한 것에 ○표 하세요.

(1) 오래전의 자료이므로 신뢰하기 어렵다.　　　　　　　　　　　　　　　(　　)

(2) 책의 이름을 명확히 밝히면 신뢰성을 높일 수 있다.　　　　　　　　　(　　)

(3) 책의 작가가 울릉도에서 태어나고 자란 사람일 것이므로 신뢰할 만하다. (　　)

6

적용·창의

성빈이는 이 글을 읽고 궁금한 점이 생겼습니다. 성빈이에게 필요한 자료는 무엇인가요?

(　　)

> 울릉도에 전해 내려오는 옛이야기를 알고 싶어.

성빈

① 하늘에서 울릉도를 찍은 사진

② 울릉도의 전설을 모아 놓은 책

③ 울릉도의 관광지를 알 수 있는 안내도

④ 울릉도가 생겨난 과정을 보여 주는 그림

⑤ 울릉도 사람들의 생활 모습을 보여 주는 동영상

☆ 울릉도의 옛이야기가 잘 나타나 있는 자료를 찾아봐야 해.

7

적용·창의

이 글의 내용을 바탕으로 울릉도를 홍보하는 문구를 만들었습니다. 알맞은 것을 두 가지 찾아 ○표 하세요.

(1) 떠나자! 삼무오다(三無五多) 신비의 섬 울릉도로!　　　　　　　　　(　　)

(2) 원시림과 기암절벽! 태고의 자연환경을 간직한 섬!
오세요, 울릉도로!　　　　　　　　　　　　　　　　　　　　　　(　　)

(3) 파도타기, 수상 스키, 스킨 스쿠버, 바다 래프팅…….
울릉도에서 신나고 짜릿한 해양 스포츠를 즐겨 보세요!　　　　　　(　　)

내용 정리

★ 빈칸에 알맞은 말을 쓰거나 ○표를 하여 오늘 읽은 글의 내용을 정리해 보세요.

> 지난 토요일, 우리 가족은 울릉도로 향했다. 우리는 버스를 타고 묵호항으로 간 뒤 그곳에서 배를 타고 울릉도 ❶(저동항, 도동항)에 내렸다. 점심을 간단히 먹고 나서 유람선을 타고 해상 관광을 했다. 울릉도는 울릉읍, 서면, ❷(   )(으)로 구성되어 있고, 각 지역마다 특색 있는 볼거리가 다양하다. 숙소로 가는 길에 낯선 꽃과 풀을 보고, 자연의 보고인 울릉도에 온 것이 새삼 ❸(   )했다.

어휘 정리

1 다음 문장에 알맞은 낱말을 (   ) 안에서 골라 ○표 하세요.

⑴ 겨울 바다는 사람이 뜸해서 (고즈넉했다, 떠들썩했다).

⑵ 이 식물은 습지에서 (유행하는, 자생하는) 희귀한 꽃이다.

⑶ 우리 가족은 (번화한, 한적한) 도시를 떠나 조용한 시골로 내려갔다.

2 빈칸에 알맞은 낱말을 ○보기○에서 찾아 쓰세요.

○보기○	기지	나선형	원시림

⑴ 우리 마을 근처에 공군 (   )이/가 들어섰다.

⑵ 무분별한 자연 개발로 (   )이/가 많이 훼손되었다.

⑶ 계단이 (   )(으)로 되어 있어서 내려올 때 어지러웠다.

레이철 카슨

레이철 카슨은 1907년 5월 27일에 미국 펜실베이니아주의 시골 마을인 스프링데일에서 태어났다. 카슨은 고등학교를 졸업한 뒤, 펜실베이니아 여자 대학에서 공부하던 중 메리 스콧 스킨커 교수의 영향으로 전공을 영문학에서 생물학으로 바꾸었다.

1929년에 대학을 졸업하고 고향으로 돌아온 카슨은 전력 회사로 인해 농장과 과수원이 황폐화된 것을 보고 큰 충격을 받았다. 카슨은 1932년에 생물학 석사 학위를 받고, 1935년부터 공무원으로 일하며 자연 보존과 자연 자원에 관한 책자를 만들었다.

1957년, 카슨에게 친구의 편지 한 ㉠통이 날아들었다. 모기 *박멸에 사용한 디디티(DDT) 때문에 새와 곤충이 죽어 가니 이를 조사해 달라는 내용이었다. 디디티는 곤충의 신경 세포에 작용하는 강력한 살충제로, 1940년대부터 모기 박멸에 널리 쓰였다. 카슨은 약 4년에 걸쳐 자료를 조사해 환경 운동의 계기가 된 『침묵의 봄』을 출간했다. 이 책에서 카슨은 해충을 없애려고 뿌린 디디티가 먹이 사슬을 따라 그 해충을 잡아먹는 종달새, 참새, 제비를 어떻게 죽이는지 생생하게 묘사했다. 또 살충제가 흙, 지하수, 농작물에 스며들면 먹이 사슬을 거쳐 새와 물고기를 죽이고, 사람에게 암 등의 병을 일으킬 수 있다고 경고했다.

『침묵의 봄』이 출간되자 미국 전역이 떠들썩해졌다. 언론은 '레이철 카슨은 자신이 저주하는 살충제보다 더 독한 여자'라고 비방했고, 살충제 업체도 카슨에게 엄청난 압력을 가했다. 한 방송사에는 카슨의 책에 대한 방송 계획을 *철회하라는 협박 편지가 날아들었다. 하지만 이 책은 그해 가을에 60만 부가 팔리면서 베스트셀러 1위에 올랐고, 이 책의 영향으로 많은 사람이 환경 단체에 가입했다. 그리고 1963년에 케네디 대통령은 환경 문제를 다룰 *자문 위원회를 구성했고, 곧이어 지구의 날이 제정되었다. 암 연구소는 디디티가 암을 유발할 수 있다는 증거를 발표해 미국에서는 디디티 사용을 금지하기 시작했다.

카슨은 1964년 4월 14일에 57세의 나이로 생을 마감했다. 미국 정부는 1980년에 카슨에게 자유 훈장을 수여했다. 『침묵의 봄』은 전 세계에 10여 개 언어로 번역돼 지금도 꾸준히 *애독되고 있다.

---

*박멸: 모조리 잡아 없앰.
*철회하라는: 이미 제출했던 것이나 주장했던 것을 다시 거두어들이거나 취소하라는.
*자문: 어떤 일을 더 효율적이고 바르게 처리하기 위해 전문가나 전문 기관에 물음.
*애독되고: 즐겨 재미있게 읽히고.

1 레이철 카슨에 대한 설명으로 알맞은 것은 무엇인가요? (　　　)

내용 이해

① 처음부터 대학에서 생물학을 전공했다.

② 1907년에 미국의 번화한 도시에서 태어났다.

③ 고향을 떠난 뒤 다시는 고향으로 돌아가지 않았다.

④ 세상을 떠난 뒤에 미국 정부로부터 자유 훈장을 받았다.

⑤ 대학 교수님의 부탁으로 디디티에 대해 조사하기 시작했다.

2 『침묵의 봄』이 출간된 뒤에 일어난 일이 <u>아닌</u> 것은 무엇인가요? (　　　)

내용 이해

① 지구의 날이 제정되었다.

② 환경 단체에 가입하는 사람이 많았다.

③ 미국에서 디디티의 사용량이 늘어났다.

④ 살충제 업체가 레이철 카슨에게 압력을 가했다.

⑤ 방송사에 책에 대한 방송 계획을 철회하라는 협박 편지가 날아들었다.

3 『침묵의 봄』의 내용을 가장 잘 표현한 속담은 무엇인가요? (　　　)

어휘·표현

① 땅 짚고 헤엄치기

② 백지장도 맞들면 낫다

③ 빈대 잡으려고 초가삼간 태운다

④ 오르지 못할 나무는 쳐다보지도 마라

⑤ 열 길 물속은 알아도 한 길 사람의 속은 모른다

☆ 모기를 박멸하려다가 생태계가 파괴되는 상황을 잘 표현한 속담을 찾아봐.

4 이 글의 내용으로 보아, 레이철 카슨이 중요하게 여긴 것은 무엇인가요? (　　　)

주제

① 환경 보존　　　　　　　　② 돈과 권력

③ 성공과 명예　　　　　　　④ 영문학의 발전

⑤ 여성 인권 강화

5

어휘·표현

밑줄 친 낱말 중 ㉠'통'과 같은 뜻으로 쓰인 것에 ○표 하세요.

(1) 바지의 통이 너무 넓다. ( )

(2) 아버지께서 수박 한 통을 사 오셨다. ( )

(3) 삼촌께서 회사에 이력서 한 통을 제출하셨다. ( )

6

추론

『침묵의 봄』의 내용을 이해하기 위해서 필요한 자료로 알맞은 것은 무엇인가요? ( )

① 레이철 카슨의 사진

② 봄의 풍경을 찍은 사진

③ 디디티 가격의 변화를 나타낸 그래프

④ 환경 운동 단체를 종류별로 분류한 도표

⑤ 생태계에서 생물들 간의 먹고 먹히는 관계를 나타내는 먹이 사슬 그림

7

적용·창의

민재가 이 글을 읽고 설명하는 글을 쓰려고 합니다. 다음 내용에 알맞은 설명 방법을 찾아 ○표 하세요.

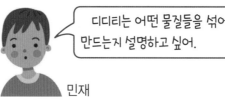

디디티는 어떤 물질들을 섞어서 만드는지 설명하고 싶어.

민재

(1) '분류'의 방법을 사용해 디디티의 종류를 설명한다. ( )

(2) '분석'의 방법을 사용해 디디티의 구성 성분을 설명한다. ( )

(3) '비교'의 방법을 사용해 디디티와 다른 살충제의 공통점을 설명한다. ( )

(4) '대조'의 방법을 사용해 디디티와 다른 살충제의 차이점을 설명한다. ( )

☆ 디디티의 구성 성분을 설명하기에 알맞은 방법을 찾아봐.

📝 내용 정리

⭐ 빈칸에 알맞은 말을 넣어 오늘 읽은 글의 내용을 정리해 보세요.

> 레이철 카슨은 『❶(   )』(이)라는 책을 출간해 해충을 없애려고 뿌린
> ❷(   )이/가 먹이 사슬에 따라 생태계를 파괴시키고, 사람에게 암 등의 병을
> 일으킬 수 있다고 경고했다. 책이 출간된 뒤 많은 사람이 ❸(   )에 가입
> 했고, ❹(   )이/가 제정되었으며, 미국에서는 디디티 사용을 금지하기
> 시작했다.

🔍 어휘 정리

1 빈칸에 알맞은 낱말을 ○보기○에서 찾아 쓰세요.

> **○ 보기 ○**   철회   애독   박멸

(1) 농부들이 해충 (   )을/를 위해 농약을 뿌렸다.

(2) 시민들은 골프장 개발 계획을 (   )하라고 요구했다.

(3) 이 동화는 어린이뿐만 아니라 어른들에게도 (   )되고 있다.

2 밑줄 친 낱말과 바꾸어 쓸 수 있는 낱말을 찾아 ○표 하세요.

> 언론은 '레이철 카슨은 자신이 저주하는 살충제보다 더 독한 여자'라고 <u>비방했다</u>.

(짐작했다, 칭송했다, 손가락질했다)

	조사 보고서

○○ 초등학교 5학년 4반 이우진

조사 대상	열에 의한 물체의 부피 변화를 이용한 사례
조사 목적	우리 생활 속에서 열에 의한 고체, 액체, 기체의 부피 변화를 어떻게 이용하는지 알아보기 위해서이다.

㉠	『초등과학 개념사전』, 『과학동아』	조사 기간	20○○년 6월 5일 ~ 6월 12일

조사 내용	(1) 열에 의한 고체의 부피 변화 　• 철로의 ㉡틈새: 철로를 연결할 때 이음새가 벌어지게 한다. 철로에 틈새를 두지 않으면 여름철에 철로의 길이가 늘어나 철로가 휘기 때문이다. 　• 바이메탈:* 팽창 정도가 다른 두 개의 금속을 붙여서 만든다. 바이메탈을 가열하면 열팽창 정도가 큰 금속이 늘어나 열팽창 정도가 작은 금속 쪽으로 휘어진다. 전기다리미, 전기밥솥 등의 온도 조절 장치에 사용된다. (2) 열에 의한 액체의 부피 변화 　• 온도계의 빨간 기둥: 온도계의 빨간 기둥은 등유, 알코올 같은 액체에 빨간 색소를 섞어서 만든다. 온도가 높아지면 부피가 커져 빨간 기둥이 올라가고, 반대로 온도가 낮아지면 부피가 작아져 빨간 기둥이 내려간다. 　• 음료수의 양: 음료수의 양을 음료수병 부피보다 적게 넣는다. 꽉 차게 넣으면 여름철에 음료수의 부피가 늘어나 병이 깨질 수 있기 때문이다. (3) 열에 의한 기체의 부피 변화 　• 타이어의 공기: 자동차 타이어에 공기를 넣을 때 여름철에는 평상시보다 적게 넣는다. 기온이 올라가면 타이어 안에 있는 공기의 부피가 늘어나서 압력이 높아지기 때문이다. 　• 찌그러진 탁구공: 찌그러진 탁구공을 뜨거운 물에 넣으면 탁구공 안에 있는 기체의 부피가 늘어나 찌그러졌던 부분이 펴진다.
생각이나 느낌	열은 고체, 액체, 기체의 부피에 많은 영향을 준다는 것을 알았다. 우리 생활 속에 이런 과학적 원리가 숨어 있다는 것이 신기하고 놀라웠다.

* 팽창: 부풀어서 부피가 커짐.

1

짜임

㉠에 들어갈 말로 알맞은 것은 무엇인가요? (   )

① 조사 방법   ② 조사 결과

③ 알게 된 점   ④ 조사한 사람

⑤ 조사할 때 주의할 점

2

내용 이해

열을 가했을 때 일어나는 현상으로 알맞지 <u>않은</u> 것은 무엇인가요? (   )

① 철로의 길이가 늘어난다.

② 음료수의 부피가 늘어난다.

③ 찌그러진 탁구공이 펴진다.

④ 타이어 안의 압력이 높아진다.

⑤ 온도계의 빨간 기둥이 내려간다.

3

추론

다음 자료는 무엇을 설명할 때 덧붙여야 하나요? (   )

철: 열팽창 정도가 낮음.
구리: 열팽창 정도가 높음.

① 바이메탈

② 철로의 틈새

③ 음료수의 양

④ 타이어의 공기

⑤ 온도계의 빨간 기둥

☆ 철과 구리같이 열팽창 정도가 다른 금속을 이용하는 것을 찾아봐.

4

어휘·표현

㉡'틈새'와 같은 뜻으로 짧은 글을 지은 것에 ○표 하세요.

(1) 창문 틈새로 밖을 내다보았다.   (   )

(2) 친구와 싸운 뒤로 틈새가 벌어졌다.   (   )

(3) 나라가 어지러운 틈새를 타고 적이 쳐들어왔다.   (   )

5 짜임

'조사 내용'에서 사용한 설명 방법으로 알맞은 것은 무엇인가요? (   )

① 과학자의 말을 인용해 설명했다.

② 여러 대상을 견주어 공통점을 설명했다.

③ 전체를 여러 부분으로 나누어서 설명했다.

④ '무엇은 무엇이다'로 개념의 뜻을 설명했다.

⑤ 어떤 대상을 일정한 기준에 따라 묶어서 설명했다.

6 비판

'조사 내용'을 믿을 수 있는지에 대해 알맞게 판단한 것의 기호를 쓰세요.

> ㉮ 글쓴이 혼자 조사한 내용이므로 신뢰하기 어렵다.
>
> ㉯ 글쓴이가 추측한 것을 쓴 내용이므로 신뢰할 수 없다.
>
> ㉰ 관련 분야의 책과 잡지에 나오는 내용이므로 신뢰할 만하다.

(   )

☆ 글쓴이가 무엇을 바탕으로 조사 보고서를 썼는지 파악해 봐.

7 적용·창의

이 글의 내용을 바탕으로 (   ) 안에서 알맞은 말을 골라 ○표 하세요.

▲ 겨울

▲ 여름

동생: 형, 위 그림에서 전깃줄은 겨울과 여름에 왜 길이가 달라?

형: 전깃줄은 금속으로 만들어진 고체인데, 여름에는 (많은 비, 뜨거운 햇볕) 때문에 전깃줄의 길이가 늘어나기 때문이야.

내용 정리

⭐ 빈칸에 알맞은 말을 쓰거나 ○표를 하여 오늘 읽은 글의 내용을 정리해 보세요.

> ❶( )에 의해 고체, 액체, 기체의 부피가 변한다. ❷( )의 틈새와 바이메탈은 열에 의한 고체의 부피 변화를 이용한 것이다. ❸( )의 빨간 기둥과 음료수의 양을 병보다 적게 넣는 것은 열에 의한 액체의 부피 변화를 이용한 것이다. 여름철에 타이어의 공기를 적게 넣는 것과 뜨거운 물로 찌그러진 탁구공을 펴는 것은 열에 의한 ❹(고체, 기체)의 부피 변화를 이용한 것이다.

어휘 정리

1 빈칸에 알맞은 낱말을 ○보기○에서 찾아 쓰세요.

> ○보기○   부피   액체   팽창

(1) 고체인 얼음이 녹으면 ( )인 물이 된다.

(2) 고무풍선이 너무 ( )해서 터질 것만 같다.

(3) 여행 가방의 ( )은/는 컸으나 무겁지는 않았다.

2 다음 문장에 알맞은 낱말을 ( ) 안에서 골라 ○표 하세요.

(1) 편지 봉투에 우표를 (붙였다, 부쳤다).

(2) 창문의 (벌어진, 버려진) 틈으로 바람이 들어왔다.

(3) 햇빛은 식물의 성장에 직접적인 (영양, 영향)을 끼친다.

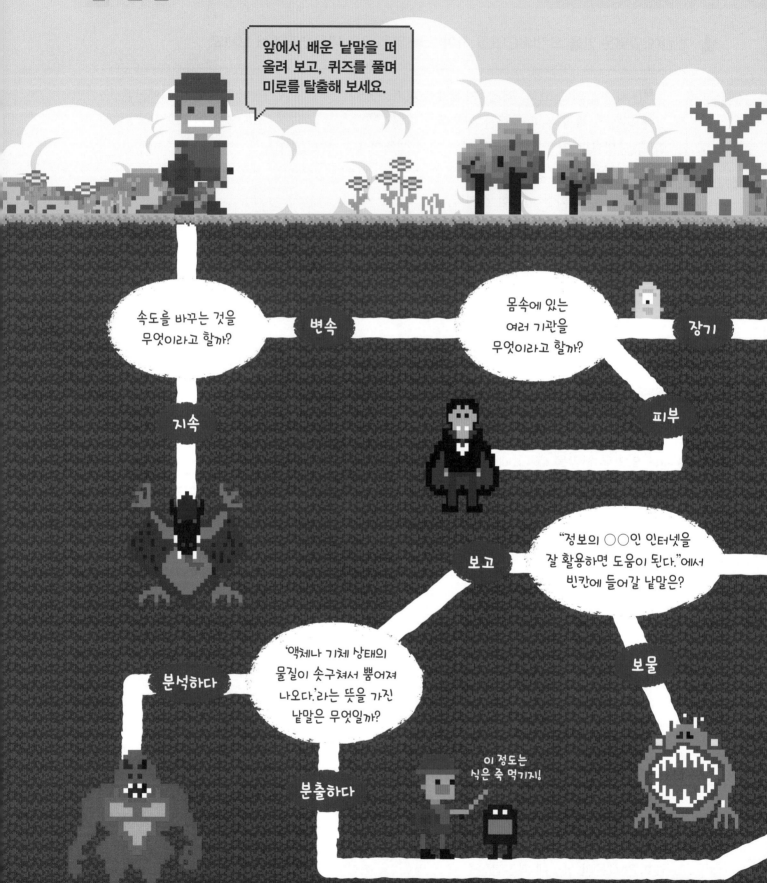

낱말 미로

앞에서 배운 낱말을 떠올려 보고, 퀴즈를 풀며 미로를 탈출해 보세요.

속도를 바꾸는 것을 무엇이라고 할까?

변속

몸속에 있는 여러 기관을 무엇이라고 할까?

장기

지속

피부

보고

"정보의 ○○인 인터넷을 잘 활용하면 도움이 된다."에서 빈칸에 들어갈 낱말은?

보물

분석하다

'액체나 기체 상태의 물질이 솟구쳐서 뿜어져 나오다.'라는 뜻을 가진 낱말은 무엇일까?

분출하다

이 정도는 식은 죽 먹기지

숨은 그림을 찾아 ○표 하세요.

정답 및 해설 16쪽에서 확인하세요.

의견이 담긴 글

의견이 담긴 글에는 논설문, 제안하는 글, 부탁하는 글, 광고 등이 있어요. 의견이 담긴 글은 글쓴이의 의견과 그 까닭을 파악하고, 글의 짜임, 근거를 든 방법 등도 함께 파악하며 읽어야 해요. 또 내용의 타당성을 판단하거나 글쓴이의 관점을 비판해 보는 것도 좋아요.

비법 어휘·표현 》 **적절한 표현으로 바꾸어 쓰기**

논설문을 쓸 때에는 표현에 신경 써야 해.

"내 생각에는 ~ 같다."처럼 **자신만의 생각이나 감정에 치우친 표현을 쓰면 안 돼.** 또 "적당히 먹어야 한다."처럼 <u>모호한 표현도 곤란해.</u> '적당히'가 얼마큼인지 알 수 없잖아. 마지막으로 '반드시', '절대로', '결코'와 같이 **어떤 사실을 딱 잘라 판단하거나 단정하는 표현도 쓰지 않는 것이 좋아.**

예시 문제

㉠을 적절한 표현으로 바꾸어 쓰는 방법을 알맞게 말한 것에 ○표 하세요.

> 　지구가 넘쳐 나는 쓰레기로 몸살을 앓고 있습니다. 우리가 버린 쓰레기는 그냥 사라지지 않습니다. 재활용이 불가능한 쓰레기는 대부분 소각장에서 태워 버리는데, 쓰레기를 태우면서 발생하는 유독 가스는 공기를 오염시키고 생물에게 나쁜 영향을 줍니다. 또 쓰레기 매립장에 파묻은 쓰레기가 썩으면서 *침출수와 메탄가스 등이 나와 땅과 지하수가 오염됩니다. <u>우리는 날로 심각해져 가는 쓰레기 문제를 해결하기 위해 노력해야 합니다.</u> 쓰레기 문제를 _{주장} 해결하기 위해 노력할 점은 다음과 같습니다.
>
> 　<u>㉠먼저 쓰레기의 양을 적당히 줄여야 합니다.</u> 가정에서는 꼭 필요한 물건만 사고, 대형 _{근거} 마트나 기업은 과대 포장을 줄여 쓰레기로 버려지는 양을 줄여야 합니다. 세제나 샴푸 등은 내용물만 보충해서 쓸 수 있는 제품을 사고, 안 쓰는 물건은 서로 바꾸어 쓰는 것이 좋습니다.
>
> *침출수: 쓰레기 따위의 폐기물이 썩어 지하에 고였다가 흘러나오는 물.

(1) 어떤 사실을 딱 잘라 판단하는 단정적인 표현이므로 "먼저 쓰레기의 양을 반드시 줄여야 합니다."로 바꾼다.　　　　　　　　　　　　　　　　　　　　　　　　　（　　　）

(2) 자신만의 감정에 치우치는 주관적인 표현이므로 "먼저 쓰레기의 양을 줄이는 것이 좋을 듯합니다."로 바꾼다.　　　　　　　　　　　　　　　　　　　　　　　　　（　　　）

(3) '적당히'는 의미가 분명하지 않은 모호한 표현이므로 "먼저 쓰레기의 양을 반으로 줄여야 합니다."로 바꾼다.　　　　　　　　　　　　　　　　　　　　　　　（　　　）

연습 문제 1 ㉠을 적절한 표현으로 바꾸어 쓴 것은 무엇인가요? (   )

> "우리나라는 물 부족 국가이므로 물을 아껴 써야 합니다."라는 말은 귀에 못이 박히게 들어 왔습니다. 그래서 물을 아껴 쓰는 캠페인을 하고, 가정에서도 물을 절약하기 위해 노력하고 있습니다. ㉠내 생각에는 가정에 중수도를 설치하면 물을 절약할 수 있을 것 같습니다. 중수도는 한 번 사용한 수돗물을 생활용수나 공업용수 등으로 재활용할 수 있도록 처리하는 시설입니다. 우리가 목욕하거나 세수할 때 쓴 물, 부엌에서 설거지한 물은 조금만 거르면 다시 쓸 수 있습니다.

① 가정에 중수도를 설치하면 물을 절약할 수 있습니다.
② 가정에 중수도를 설치하면 물을 절약할 수 있지 않을까요?
③ 가정에 중수도를 설치하면 물을 절약할 수 있을 것도 같습니다.
④ 가정에 중수도를 설치하지 않으면 절대로 물을 절약할 수 없습니다.
⑤ 제 생각에는 가정에 중수도를 설치하는 것이 물을 절약하기에 좋을 것 같습니다.

연습 문제 2 ㉠을 적절한 표현으로 바꾸어 쓴 것에 ○표 하세요.

> ㉠길거리에서는 반드시 한곳에 서서 담배를 피워야 합니다. 얼마 전 친구와 길을 가다가 불쾌한 일을 겪었습니다. 앞에서 담배를 피우며 걷던 아저씨의 담뱃재가 바람에 날려 우리 옷과 얼굴에 묻고 말았습니다. 담뱃재가 눈에 들어갔다면 어찌 되었을지 생각만 해도 끔찍합니다.

(1)   길거리에서는 결코 담배를 피워서는 안 됩니다.   (   )

(2)   길거리에서는 한곳에 서서 담배를 피워야 합니다.   (   )

(3)   길거리에서는 무슨 일이 있어도 한곳에 서서 담배를 피워야 합니다.   (   )

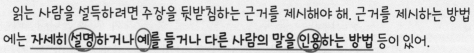

비법

짜임 >> 근거를 든 방법 파악하기

읽는 사람을 설득하려면 주장을 뒷받침하는 근거를 제시해야 해. 근거를 제시하는 방법에는 **자세히 (설명)하거나 (예)를 들거나 다른 사람의 말을 (인용)하는 방법** 등이 있어.

- 자세히 설명하기: 근거를 이해하기 쉽게 **자세히 풀어서 설명**하는 방법
- 예를 들기: **구체적인 사례나 출처가 믿을 만한 자료 등을 예로 들어서 설명**하는 방법
- 인용하기: **전문가의 말이나 명언, 속담 등을 인용해서 설명**하는 방법

예시 문제

2~4문단 중 인용의 방법으로 근거를 제시한 문단의 번호를 쓰세요.

1 주말이나 쉬는 날, 집에서 게임을 하거나 텔레비전을 보며 시간을 보내는 학생들이 많다. <u>좀 더 활기찬 삶을 위해 부모님과 함께 등산을 해 보자.</u> 등산을 하면 좋은 점이 많다.

주장

2 첫째, <u>건강한 몸을 만들 수 있다.</u> 등산은 대표적인 유산소 운동으로 몸에 *축적된 에너

근거①
지를 태워 비만을 막을 수 있다. 한 시간당 열량 소모량을 비교했을 때 등산은 600~1080킬로칼로리, 수영은 360~500킬로칼로리, 달리기는 870킬로칼로리로 등산이 더 높다.

3 둘째, <u>인내심을 기를 수 있다.</u> 등산은 몇 시간 동안 오르막과 내리막을 걷는 것을 반복

근거②
한다. 누가 대신 걸어 줄 수 없기 때문에 등산을 자신과의 싸움이라고도 한다. 중간에 포기하고 싶은 마음을 억누르며 정상까지 오르는 과정을 통해 참고 견디는 마음을 기를 수 있다.

4 셋째, <u>성취감을 느낄 수 있다.</u> 힘든 과정을 거쳐 정상에 올랐

근거③
을 때 "인내는 쓰고 열매는 달다."라는 말을 실감할 수 있다. 인

어려움을 참고 견디면 좋은 날이 온다는 뜻의 명언
생의 성공은 이렇게 작은 성취감에서부터 시작된다.

*축적된: 지식, 경험, 돈 따위가 모여서 쌓인.

(   )

『 』부분에서 근거를 제시한 방법으로 알맞은 것에 ○표 하세요.

최근 편도 제거 수술을 받던 여섯 살 어린이가 숨지는 사건이 있었습니다. 숨진 어린이의 아버지는 수술실에 감시 카메라가 없어서 수술 중 무슨 일이 있었는지, 누가 수술을 했는지 알 수 없다며 한탄했습니다. 이 사건 외에도 수술 중 의료 사고가 빈번하게 발생하고 있지만 현실적으로 환자나 환자의 가족이 의사의 *과실 여부를 입증하기는 어렵습니다. 이와 같은 문제를 해결하기 위해 수술실에 감시 카메라를 설치해야 합니다.

『감시 카메라를 설치하면 환자나 환자 가족의 알 권리를 지킬 수 있습니다. 20○○년 강남의 한 성형외과에서 성형 수술을 받던 환자가 과다 출혈로 숨지는 사고가 있었습니다. 당시 병원에서는 자신들은 아무 잘못이 없다며 발뺌했지만 재판부는 수술실 감시 카메라 영상을 토대로 병원 과실이라는 판결을 내렸습니다.』

＊과실: 어떤 일에 주의하지 않아서 생긴 잘못이나 실수.

(1) 다른 사람이 한 말을 인용했다. (　　　)

(2) 실제로 일어난 일을 예로 들었다. (　　　)

(3) 주장을 실천할 수 있는 방법을 자세히 설명했다. (　　　)

다음 글에서 근거를 든 방법으로 알맞은 것에 ○표 하세요.

요즘 고궁이나 관광지 주변에는 퓨전 한복 대여점이 많다. 퓨전 한복을 입고 거리를 활보하는 사람들을 보면 나도 모르게 눈살이 찌푸려진다. 나는 고궁이나 관광지에서 퓨전 한복을 입는 것에 반대한다.

그 까닭은 퓨전 한복은 우리 고유의 옷인 한복의 전통을 훼손하기 때문이다. 우리 한복은 직선과 곡선, 색채가 조화를 이루어 단아함과 우아함을 뽐낸다. 그러나 퓨전 한복은 화려한 리본과 액세서리, 반짝이는 무늬로 화려함을 강조하고, 치마 안에는 서양식 속치마를 입어 볼륨을 강조한다. 또 저고리는 짧거나 속이 비쳐 여성의 섹시함만 강조한다.

(1) 인용하기	(2) 예를 들기	(3) 자세히 설명하기
(　　　)	(　　　)	(　　　)

비법 추론 >> 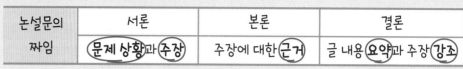 **짜임에 맞게 내용 예측하기**

먼저 논설문의 짜임을 알아야겠지?

논설문의 짜임	서론	본론	결론
	문제 상황과 주장	주장에 대한 근거	글 내용 요약과 주장 강조

짜임에 맞게 내용을 예측할 때는 문제에 제시된 내용이 어느 부분에 들어가야 할지 판단해 보는 거야. 논설문의 짜임상 빈 곳에 어떤 내용이 들어가는 게 좋을지 예상해 보면 되겠지?

예시 문제 ㉠에 들어갈 문장으로 알맞은 것은 무엇인가요? (   )

『요즘 유튜버가 새로운 직업으로 주목받고 있습니다. 초중등 진로 교육 현황을 조사한 결과에 따르면, 초등학생 희망 직업 순위에서 유튜버가 3위를 차지했습니다. 실제로 유튜브에서 1인 채널을 운영하는 어린이 유튜버들이 꾸준히 늘어나고 있으며, 이들 중에는 30만 명이 넘는 구독자를 보유하고 엄청난 수익을 얻는 유튜버들도 있습니다. 이렇게 자신의 이름을 알리고, 돈도 벌 수 있는 유튜버라는 직업은 매우 매력적인지도 모릅니다. 그러나 <u>어린이 유튜버가 되기 위해서는 생각해야 할 점이 많이 있습니다.</u>』『　』: 문제 상황과 주장을 밝힘.(서론)

주장

『첫째, (　　　　　　　㉠　　　　　　　) 영상 한두 개로 인기를 얻기 힘들기 때문에 최소 일 년간 하루에 한 개 이상의 영상을 올려야 합니다. 매일 콘텐츠를 연구하고, 영상을 제작하고, 편집하는 과정을 거치기 때문에 보통 어려운 일이 아닙니다. 그리고 이렇게 영상을 올려도 어린이 유튜버 가운데 1~3퍼센트 정도만 유명 유튜버가 될 수 있다고 합니다.』『　』: 주장에 대한 근거를 제시함.(본론)

① 악성 댓글에 시달릴 수 있습니다.
② 유튜브를 보는 사람이 무척 많습니다.
③ 모두가 유명 유튜버가 될 수는 없습니다.
④ 미래 유망 직업은 계속 바뀔 수 있습니다.
⑤ 어린이 유튜버의 사생활이 노출될 수 있습니다.

연습 문제 1 논설문의 짜임으로 보아, 글 **가**와 **나** 사이에 들어갈 내용으로 알맞은 것에 ○표 하세요.

> **가** 흔히 스트레스는 어른에게만 생긴다고 생각하기 쉽습니다. 그러나 어린이도 많은 스트레스를 받습니다. 새로운 곳으로 이사해 낯선 환경에 놓일 때, 학습량이 너무 많을 때, 따돌림을 당할 때 등 어린이가 스트레스를 받는 경우는 셀 수 없이 많습니다. 어른은 스트레스의 원인을 알고 그것을 극복할 수 있지만 어린이는 그런 능력이 없어 어른보다 더 위험합니다. 스트레스로 몸과 마음이 지쳤을 때 명상을 해 봅시다.
>
> **나** 이렇게 명상을 하면 몸과 마음이 치유되고, 부정적인 마음을 긍정적인 마음으로 바꿀 수 있습니다. 하루에 5분씩 명상을 하는 습관을 들여 몸과 마음이 건강한 어린이가 됩시다.

(1) 스트레스 해소법　　　(2) 명상의 종류와 역사　　　(3) 명상을 하면 좋은 점

(　　　)　　　　　　　　(　　　)　　　　　　　　(　　　)

연습 문제 2 다음 글에 이어질 내용으로 알맞은 것에 ○표 하세요.

> 요즘 아이가 있는 집은 거실에 텔레비전이 있는 집과 텔레비전이 없는 집으로 나뉜다. 예전에 텔레비전은 '바보상자'라고 불렸다. 텔레비전을 많이 보면 스스로 생각하는 능력이 떨어진다는 게 그 이유였다. 부모들은 자녀들이 텔레비전보다는 책을 읽고, 가족 간의 대화나 학습에 더 집중하기를 바라는 마음에 텔레비전을 없애고 있다. 그러나 텔레비전이 부정적인 영향만 있는 것은 아니다.

(1) 텔레비전을 보는 동안 꼭 해야 할 일을 잊거나 미루게 된다. (　　　)

(2) 홈 쇼핑이나 광고를 보고 필요 없는 물건을 사는 경우도 많다. (　　　)

(3) 드라마나 오락 프로그램은 사람들에게 재미와 활력을 주기도 한다. (　　　)

논설문의 내용이 타당한지 판단하려면 글쓴이의 주장이나 근거가 적절한지 살펴보면 돼. 읽는 사람을 설득할 수 있을 만큼 [1]주장이 가치 있고 중요한지, [2]주장이 문제 상황을 해결할 수 있는지, [3]주장과 근거가 관련 있는지, [4]근거는 주장을 설득력 있게 뒷받침하는지, [5]근거가 사실이고 믿을 만한지 등으로 그 적절성을 판단해 봐. 글을 읽고 자연스럽게 고개가 끄덕여진다면 타당한 내용이라고 할 수 있어.

예시 문제 다음 글에 나타난 주장과 근거가 타당한지 알맞게 판단한 친구는 누구인지 쓰세요.

지금 이 순간, 또 한 명의 어린이가 굶주림으로 목숨을 잃었습니다. <u>5초에 한 명씩, 매일 10만 명의 어린이가 굶주림으로 죽어 가고 있습니다.</u> 세계에는 가뭄이나 홍수, 오랜 전쟁으
_{문제 상황}
로 인해 빈곤에 빠진 나라들이 있습니다. 이곳 어린이들은 먹을 것은커녕 물조차 제대로 마시지 못하고 있습니다. <u>우리가 나서서 굶주림에 허덕이는 어린이들을 도와주어야 합니다.</u>
_{주장}
<u>그 까닭은 전 세계 어린이는 미래를 이끌어 갈 주인공이기 때문입니다.</u> 1950년대, 한국 전
_{근거}
쟁으로 폐허가 된 우리나라에는 영양실조로 쓰러지는 아이들이 넘쳐 났습니다. 이 아이들을 살리기 위해 세계 여러 나라의 후원이 이어졌고, 그것을 발판으로 우리나라는 경제 성장을 거듭해 다른 나라의 도움을 받던 나라에서 도움을 주는 나라로 도약했습니다. 우리가 도움을 받았던 것처럼 굶주림에 허덕이는 아이들을 도와 그들이 미래를 이끌어 나갈 수 있도록 해야 합니다.

동규: 굶주림에 허덕이는 어린이들을 돕자는 주장은 가치 있고 중요하므로 타당해.
송이: 주장을 뒷받침하는 근거를 한 가지만 제시했으므로 글쓴이의 근거는 적절하지 않아.
희준: 굶주림에 허덕이는 어린이들을 돕자는 주장은 굶주림으로 죽어 가는 어린이들이 많다는 문제 상황과 관련이 없으므로 적절하지 않아.

(   )

글쓴이의 주장과 근거의 타당성을 알맞게 판단한 것에 ○표 하세요.

요즘 키오스크가 빠른 속도로 확산되고 있다. 키오스크는 공공장소나 가게 등에 설치하는 무인 정보 단말기로, 표를 구입하거나 음식을 주문할 때 사용된다. 그러나 나는 키오스크 설치를 반대한다. 그 까닭은 다음과 같다.

첫째, 키오스크는 다양한 사람을 배려하지 못하기 때문이다. 대부분의 키오스크는 키가 작은 어린이나 휠체어를 탄 장애인이 이용하기에 불편하고, 노인들은 사용법을 몰라 어려움을 겪기도 한다.

둘째, 인건비를 줄일 수 있기 때문이다. 키오스크를 설치하면 고객이 직접 표를 사거나 음식을 주문할 수 있으므로 따로 직원을 두지 않아도 된다.

▲ 키오스크

(1) 글쓴이의 주장은 내 생각과 다르므로 타당하지 않다. ( )

(2) 두 가지 근거 모두 주장과 관련이 없으므로 글쓴이의 주장도 타당하지 않다. ( )

(3) 둘째 근거는 키오스크 설치의 긍정적인 면이므로 주장을 뒷받침하기에 알맞지 않다. 따라서 근거로 적절하지 않다. ( )

㉠이 근거로 적절한지 알맞게 판단한 것에 ○표 하세요.

충남 아산의 한 어린이 보호 구역에서 어린이가 교통사고로 사망한 이후 어린이 보호 구역 내에서의 교통 법규가 강화되었습니다. 신호등과 과속 단속 카메라를 의무적으로 설치하고, 어린이가 다칠 경우 운전자는 큰 벌을 받게 되었습니다. 그러나 어린이를 보호하기 위한 법규를 놀이로 이용하는 어린이들이 있어 문제가 되고 있습니다. 교통 법규를 놀이로 이용하지 맙시다.

㉠교통 법규를 놀이로 이용하면 크게 다칠 수 있습니다. 지나가는 차를 따라가다 넘어지거나 차 앞으로 갑자기 뛰어들어 부딪치면 치명적인 상처를 입을 수 있습니다.

(1) ㉠은 교통 법규를 놀이로 이용하지 말자는 글쓴이의 주장과 관련이 없으므로 근거로 적절하지 않다. ( )

(2) ㉠은 교통 법규를 놀이로 이용했을 때의 문제점으로, 교통 법규를 놀이로 이용하지 말자는 글쓴이의 주장을 뒷받침하기에 적절하다. ( )

로봇 기술이 발달하면서 인간의 일을 대신하는 로봇들이 생겨나고 있다. 예전의 산업용 로봇은 생산, 조립, 포장 등 미리 저장된 프로그램에 따라 반복적인 일을 했다. 하지만 요즘은 인공 지능을 갖춘 로봇이 의료, 해저 탐사, 교육 등 많은 분야에서 활용되고 있다. 이렇게 인간의 일을 대신하는 로봇이 많아지면서 일자리가 줄어들자 로봇세를 도입해야 한다는 주장이 나오고 있다. '로봇세'란 로봇을 이용해 돈을 버는 기업이나 사람이 내는 세금을 말하며, 로봇세를 도입해 일자리를 잃은 사람들의 기본 소득을 보장해 줘야 한다는 논리이다. 그러나 나는 로봇세 도입을 반대한다. 그 까닭은 다음과 같다.

첫째, ㉠로봇세를 도입하면 제품 가격이 반드시 오른다. 기업의 입장에서 세금은 곧 비용이다. 비용이 증가하면 생산 단가가 올라가 제품의 가격이 오르게 된다. 제품 가격이 오르면 치열한 세계 시장에서 경쟁력을 잃을 수 있다.

㉡ 둘째, 로봇세를 도입하면 로봇 산업이 위축될 수 있다. 로봇은 첨단 기술의 집합체이며 중요한 미래 산업 중 하나다. 그런데 아직 기술 개발 단계에 있는 로봇에 세금을 부과하면 기업들은 로봇 산업에 대한 투자를 줄일 것이다. 그 결과 로봇 관련 기술자들은 일자리를 찾아 로봇 연구에 적극적으로 투자하는 국가로 떠나 인재들을 다른 나라에 빼앗기게 된다.

셋째, 세금을 내야 하는 로봇의 범위가 분명하지 않다. 무인 발권기, 현금 자동 인출기, 자동차 공장의 조립 로봇, 인공 지능 로봇 등 다양한 종류의 로봇 중에서 어떤 단계까지의 로봇을 *과세 대상으로 볼 것인지가 매우 *모호한 상황이다. 세금은 우리나라 법률상 인격이 있는 자만이 *납부할 수 있다. 이런 점 때문에 로봇에도 전자적 인격을 부여하자는 의견도 있다. 그러나 우리나라는 로봇에 대한 정의조차 완벽하게 내리지 못한 상태이므로 무분별하게 로봇세를 부과하면 사회적으로 혼란이 일어날 수 있다. 이런 이유로 로봇에 시민권 부여를 시도했던 유럽이나 로봇 강국인 일본조차 로봇세 도입에는 소극적이다.

㉢ 로봇이 인간의 일자리를 대체하게 될 것이라는 것은 더 이상 부정할 수 없다. 하지만 지금은 로봇세 도입이 아니라 서로 이마를 맞대고 로봇 기술을 개발하고 로봇 산업을 활성화시키는 데 더욱 집중할 때이다.

* 과세: 세금을 정하여 그것을 내도록 의무를 지움.
* 모호한: 어떤 말이나 태도가 정확하게 무엇을 뜻하는지 분명하지 않은.
* 납부할: 세금이나 공과금 따위를 관계 기관에 낼.

1

주제

이 글의 제목으로 알맞은 것은 무엇인가요? (   )

① 로봇의 역사   ② 로봇세의 필요성

③ 로봇세의 문제점   ④ 로봇 산업의 발달 과정

⑤ 로봇세 도입을 위한 준비

☆ 글쓴이의 주장이 잘 드러나는 제목을 찾아봐.

2

내용 이해

글쓴이가 로봇세 도입을 반대하는 까닭으로 알맞은 것의 기호를 쓰세요.

> ㉮ 로봇세를 도입하면 제품의 종류가 줄어든다.
>
> ㉯ 로봇세를 도입하면 로봇 산업만 발전할 것이다.
>
> ㉰ 세금을 내야 하는 로봇의 범위가 분명하지 않다.

(   )

3

 어휘·표현

㉠을 적절한 표현으로 바꾸어 쓴 것은 무엇인가요? (   )

① 로봇세를 도입하는 것이 좋을까?

② 로봇세를 도입하면 제품 가격이 오른다.

③ 로봇세를 도입하면 기필코 제품 가격이 오른다.

④ 로봇세를 도입하면 제품 가격이 오를지 알 수 없다.

⑤ 내 생각에는 로봇세를 도입하면 제품 가격이 오를 것 같기도 하다.

4

  짜임

㉡에서 근거를 든 방법을 바르게 말한 것에 ○표 하세요.

⑴ 로봇세를 반대하는 로봇 기술자의 면담 내용을 인용했다.   (   )

⑵ 로봇세 도입으로 로봇 산업이 위축된 여러 나라를 예로 들었다.   (   )

⑶ 로봇세를 도입하면 왜 로봇 산업이 위축될 수 있는지를 자세히 설명했다.   (   )

5 이 글의 내용으로 보아, ⓒ에 들어갈 내용으로 알맞은 것에 ○표 하세요.

(1) 이렇게 로봇세를 도입하면 많은 문제점이 있다.　　　　　　　　　　　（　　　）

(2) 로봇세를 거둬 일자리를 만드는 데 사용해야 한다.　　　　　　　　　（　　　）

(3) 로봇세를 부과해 자동화로 인해 발생하는 문제를 해결해야 한다.　　（　　　）

☆ 앞부분의 내용을 요약할 수 있는 내용을 찾아봐.

6 글쓴이의 주장과 근거가 타당한지 알맞게 판단한 친구의 이름을 쓰세요.

> 송화: 글쓴이의 주장이 로봇에 세금을 부과해야 한다는 내 생각과 달라서 글쓴이의 주
> 장은 타당하지 않아.
>
> 석준: 로봇세를 도입하면 로봇 산업이 위축될 수 있다는 둘째 근거는 주장을 설득력
> 있게 뒷받침하므로 근거로 적절해.
>
> 다정: 세금을 내야 하는 로봇의 범위가 분명하지 않다는 셋째 근거는 주장과 관련이
> 없으므로 근거로 적절하지 않아.

（　　　　　　　　　）

7 로봇세에 대한 글쓴이의 관점과 같은 관점으로 쓴 기사를 찾아 ○표 하세요.

(1)
**로봇세 부과로 실직자를 위한
복지 제도 확충**
로봇세를 신설하면 실업자들의
생계 지원과 실업자들의 재취업을
지원하기 위한 복지 제도가 더욱
확충될 것으로 전망된다.

（　　　）

(2)
**전자적 인격, 법체계 수정에
막대한 세금 낭비**
로봇세 도입을 위해 로봇에 전자
적 인격을 부여하려면 법체계의 수
정이 필요한데, 이를 위해서는 막
대한 세금이 쓰일 수밖에 없다.

（　　　）

☆ 글쓴이가 사물이나 현상에 대하여 생각하는 태도나 방향을 글쓴이의 관점이라고 해.

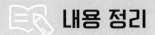

내용 정리

★ 빈칸에 알맞은 말을 쓰거나 ○표를 하여 오늘 읽은 글의 내용을 정리해 보세요.

서론	로봇세 도입을 ❶(반대한다, 찬성한다).
본론	• 로봇세를 도입하면 ❷(　　　　　　　　　　)이/가 오른다. • 로봇세를 도입하면 ❸(　　　　　　　　　　)이/가 위축될 수 있다. • 세금을 내야 하는 로봇의 범위가 ❹(분명하다, 분명하지 않다).
결론	로봇 기술을 개발하고 로봇 산업을 활성화시키는 데 집중하자.

어휘 정리

1 다음 문장에 알맞은 낱말을 (　　) 안에서 골라 ○표 하세요.

⑴ 세금을 (납부하는, 투자하는) 것은 국민의 의무이다.

⑵ 두 나라는 영토를 차지하기 위해 (순수한, 치열한) 전투를 벌였다.

⑶ 물건을 환불해 주는 기준이 (모호하게, 분명하게) 적혀 있어서 헷갈렸다.

2 밑줄 친 관용어의 뜻으로 알맞은 것에 ○표 하세요.

> 지금은 로봇세 도입이 아니라 서로 <u>이마를 맞대고</u> 로봇 기술을 개발해야 한다.

⑴ 함께 모여 의논하다. 　　　　　　　　　　　　　　　　　　　　　(　　)

⑵ 서로 비슷한 지위나 힘을 가지다. 　　　　　　　　　　　　　　　　(　　)

⑶ 어떤 대상이나 사실을 단단히 기억해 두다. 　　　　　　　　　　　　(　　)

노 키즈 존은 필요한가

1 이렇게 어린이들로 인해 피해를 보는 가게 주인이나 손님이 많아질수록 노 키즈 존은 확산될 수밖에 없습니다. 노 키즈 존 논란의 중심에는 아이가 아닌 부모의 책임이 더 크다는 것을 기억해야 합니다. 노 키즈 존이 아이와 그 부모를 차별하는 것이라며 맞서기보다는 아이에게 공공질서에 관해 교육하는 등 부모의 책임 있는 자세가 필요합니다.

2 첫째, 아이들에게 안전사고가 발생했을 때 가게 주인이 받는 처벌이 ㉠과도하기 때문입니다. 20○○년 5월에 열 살 아이가 식당에서 뛰어다니다가 뜨거운 음식을 나르던 종업원과 부딪쳐 화상을 입은 사건이 일어났습니다. 당시 법원은 종업원과 가게 주인에게 70퍼센트의 과실을 물었습니다. 20○○년 11월에는 갈빗집에서 뛰어다니던 24개월 아이에게 화로가 떨어져 화상을 입었는데 식당 주인에게 50퍼센트의 과실을 물었습니다. 이렇게 부모의 부주의로 발생하는 사고를 종업원이나 가게 주인의 책임으로 돌리는 일이 [*]빈번해지자 노 키즈 존이 더욱 확산되었습니다.

3 둘째, 어린이들이 다른 사람의 즐길 권리를 방해하기 때문입니다. 20○○년에 1000명을 대상으로 영화관의 만족도를 조사한 자료에서 노 키즈 관이 필요하다고 응답한 관객이 789명에 이릅니다. 그 관객들은 어린이 관객이 많은 영화의 경우 영화가 상영되는 동안 일부 어린이들이 소리를 지르거나 영화관을 뛰어다니고 관람석을 발로 차서 영화를 제대로 볼 수 없다고 그 이유를 말했습니다.

4 셋째, 특정 손님을 거부하는 것은 차별에 해당하기 때문입니다. 국가 인권 위원회는 노 키즈 존 운영은 합리적인 이유가 없는 차별 행위라고 했습니다. 어린이와 그 부모는 모두 공공장소를 제한 없이 출입할 수 있는 권리가 있습니다. 무작정 어린이들의 출입을 금지하기보다는 모두가 불편 없이 이용할 수 있는 제도를 마련해야 합니다.

5 '노 키즈 존'을 아시나요? 노 키즈 존은 어린이들의 출입이 금지된 곳이라는 뜻으로, 최근 카페나 음식점 등에서 어린이를 [*]동반한 손님을 거부하면서 새로 생긴 말입니다. 최근 여론 조사 결과에 따르면, 노 키즈 존 확대를 찬성한다는 의견이 반대한다는 의견보다 높게 나타났습니다. 또한 ㉡노 키즈 존 지정은 주인의 자유 권한에 해당한다는 의견도 상당했습니다. 지금도 논란이 되고 있지만 노 키즈 존은 필요합니다. 노 키즈 존이 왜 필요할까요?

*빈번해지자: 어떤 일이나 현상 등이 일어나는 횟수가 많아지자.
*동반한: 일을 하거나 길을 가는 따위의 행동을 할 때 함께 짝을 한.

1 짜임

이 글의 짜임상 순서를 서로 바꾸어야 하는 것을 알맞게 짝 지은 것은 무엇인가요?

(   )

① **1**과 **2**   ② **1**과 **5**

③ **2**와 **4**   ④ **2**와 **5**

⑤ **3**과 **5**

2 짜임

2에서 근거를 제시한 방법으로 알맞은 것은 무엇인가요? (   )

① 전문가의 의견을 인용해 근거를 제시했다.

② 대상들의 차이점을 밝혀 근거를 제시했다.

③ 잘 알려진 사실에 빗대어 근거를 제시했다.

④ 말에 담긴 뜻을 자세히 풀어 근거를 제시했다.

⑤ 실제로 일어난 일을 예로 들어 근거를 제시했다.

3 어휘·표현

㉠'과도하기'와 바꾸어 쓸 수 있는 낱말에 ○표 하세요.

모자라기	애매하기	지나치기	불확실하기

4 어휘·표현

㉡을 적절한 표현으로 바꾸어 쓴 것에 ○표 하세요.

(1) 노 키즈 존 지정은 주인의 자유 권한이라는 의견도 상당했습니다.   (   )

(2) 노 키즈 존 지정은 주인의 자유 권한에 해당한다는 의견이 꽤 있었습니다.   (   )

(3) 노 키즈 존 지정은 주인의 자유 권한에 해당한다는 의견도 85퍼센트를 차지했습니다.

(   )

☆ '상당했습니다'라는 표현으로는 어느 정도를 말하는지 정확히 알 수 없어.

5

주제

글쓴이의 주장은 무엇인가요? (   )

① 노 키즈 존은 필요하다.　　　　　② 노 키즈 존이 많아야 한다.

③ 공공질서 교육을 강화하자.　　　　④ 어린이 안전사고를 예방하자.

⑤ 어린이를 위한 문화 공간을 만들자.

6

비판

이 글에 나타난 근거의 적절성을 알맞게 판단하지 <u>못한</u> 친구를 찾아 ×표 하세요.

(1) 승기: **2**에서 말한 첫째 근거는 주장과 관련이 있고 주장을 설득력 있게 뒷받침하므로 근

거로 적절해.　　　　　　　　　　　　　　　　　　　　　　　　　　　　(   )

(2) 하준: **3**에서 말한 둘째 근거는 글쓴이가 상상한 내용으로 믿을 수 없기 때문에 근거로

적절하지 않아.　　　　　　　　　　　　　　　　　　　　　　　　　　　(   )

(3) 주현: **4**에서 말한 셋째 근거는 글쓴이의 주장과 반대되는 입장을 뒷받침하는 내용이므

로 근거로 적절하지 않아.　　　　　　　　　　　　　　　　　　　　　　(   )

7

적용·창의

다음 진우의 의견에 대해 글쓴이가 했을 말로 알맞은 것에 ○표 하세요.

> 진우: 노 키즈 존은 아이가 부모님과 함께 음식을 먹을 권리를 빼앗는 것이므로 자유
> 권 위반입니다.

(1)　모든 어린이가 음식점에서 시끄럽게 떠들고 뛰어다니는 것은 아니므
로 아이가 부모님과 함께 음식점에서 음식을 먹을 권리를 보장해 주어
야 합니다.　　　　　　　　　　　　　　　　　　　　　　　　　　(   )

(2)　어른들에게도 조용히 이야기를 나누면서 음식을 먹을 권리가 있습니
다. 아이들이 함부로 떠들거나 뛰놀면서 이런 어른들의 권리를 빼앗을
수는 없습니다.　　　　　　　　　　　　　　　　　　　　　　　　(   )

☆ 노 키즈 존에 대한 글쓴이의 입장을 생각해 봐.

📝 내용 정리

⭐ 빈칸에 알맞은 말을 쓰거나 ○표를 하여 오늘 읽은 글의 내용을 정리해 보세요.

서론	노 키즈 존은 ❶(필요하다, 필요하지 않다).
본론	• 아이들에게 안전사고가 발생했을 때 가게 주인이 받는 ❷(　　　　　)이/가 과도하기 때문이다. • 어린이들이 다른 사람의 즐길 권리를 방해하기 때문이다.
결론	아이에게 ❸(　　　　　　　　)에 관해 교육하는 등 부모의 책임 있는 자세가 필요하다.

🔍 어휘 정리

1 빈칸에 알맞은 낱말을 ◦보기◦에서 찾아 쓰세요.

> ◦**보기**◦　　　　　　논란　　　동반　　　확산

⑴ 이모는 친구와 (　　　　　)해 등산을 갔다.

⑵ 새로운 제도를 도입하는 것에 대해 (　　　　　)이 계속되었다.

⑶ 전염병이 (　　　　　)되어 전국적으로 감염자가 늘어나고 있다.

2 밑줄 친 말에 어울리는 관용어를 찾아 ○표 하세요.

> 가게 주인: 일부 부모들은 아이들이 가게 안을 어지러뜨려도 <u>제지하지 않고 방관해요.</u> 그럴 때마다 가게를 노 키즈 존으로 하고 싶은 생각이 들어요.

⑴ 이를 갈다	⑵ 어깨가 무겁다	⑶ 팔짱을 끼고 보다
(　　)	(　　)	(　　)

1 사형은 사람의 생명을 빼앗는 가장 무거운 형벌이다. 현재 우리나라 법에는 사형 판결이 난 날부터 6개월 이내에 사형을 집행하도록 규정하고 있다. 그러나 우리나라는 1997년 12월 30일을 끝으로 지금까지 사형을 집행하지 않아 '실질적 사형 폐지 국가'로 분류되고 있다. 그런데 흉악 범죄가 증가하면서 사형 제도의 *존폐 여부를 두고 찬반 의견이 팽팽하게 맞서고 있다. 하지만 사형 제도는 없어야 한다. 사형 제도의 문제점은 다음과 같다.

2 첫째, 사형 제도는 인간의 존엄성을 훼손한다. 인간의 권리 중에서 가장 으뜸은 생명권이다. 생명권이란 목숨이 부당하게 위협받지 않을 권리를 말한다. 사람은 자신의 생명뿐만 아니라 다른 사람의 생명도 함부로 훼손해서는 안 된다.

3 둘째, 사형 제도 때문에 억울한 사람이 죽을 수도 있다. 아무리 신중하고 객관적으로 판결하기 위해 노력한다 해도 판사도 인간이기에 실수할 수 있다. 판사의 잘못된 판결로 감옥에 갇혀 있다면 새로운 증거에 의해 무죄를 선고받을 수 있다. 그러나 ㉠사형은 일단 집행되면 진짜 범인이 밝혀져도 되돌릴 수 없다. 실제 외국에서 사형 제도가 폐지된 직접적인 계기도 잘못된 판결로 죄 없는 사람이 사형을 당했다는 사실이 밝혀졌기 때문이다. "열 명의 범죄자를 놓치는 한이 있더라도 한 명의 *무고한 희생자를 만들지 마라."라는 *법언을 깊이 생각해 보아야 한다.

4 셋째, ㉡사형 제도는 사회적 약자에게 불리하다. 같은 죄를 지어도 돈이 많은 사람은 비싼 변호사를 고용해 사형을 받을 확률이 낮지만, 가난한 사람은 변호사를 고용할 수 없어 사형을 받을 확률이 높다. 외국에서도 판사나 검사가 돈과 권력을 가진 상류층에게 유리한 판결을 내린다는 연구 결과도 있다. 정도의 차이는 있어도 돈이 있으면 무죄로 풀려나지만 돈이 없으면 유죄로 처벌받는 사례는 어느 사회에나 있다.

5 넷째, ㉢사형 제도는 범죄를 억제하는 효과가 전혀 없다. 지금까지 연구한 자료에서 사형 제도가 범죄를 효과적으로 억제한다는 결과가 없다. 독일의 경우 사형 제도를 폐지한 뒤에도 범죄율의 변화가 없었고, 미국은 사형 제도가 부활된 이후 오히려 범죄가 늘었다.

6 이처럼 사형 제도에는 많은 문제점이 있다. 어떠한 이유에서건 인간이 인간의 생명을 빼앗는 일은 사라져야 한다. 그러므로 ⬚⬚⬚⬚⬚⬚⬚⬚⬚ ㉣ ⬚⬚⬚⬚⬚⬚⬚⬚⬚

*존폐: 어떤 것이 그대로 있는 것과 어떤 것을 그만두거나 없애는 것.
*무고한: 아무런 잘못이나 허물이 없는.
*법언: 법에 관한 속담이나 격언.

1

우리나라의 사형 제도에 대한 설명으로 알맞은 것은 무엇인가요? (　　　　)

① 1997년에 폐지되었다.

② 개인의 재산을 모두 빼앗는 형벌이다.

③ 판결이 나면 6일 이내에 집행해야 한다.

④ 우리나라는 실질적 사형 폐지 국가이다.

⑤ 사형 제도를 다시 살려야 한다는 의견이 대두되고 있다.

2

2~**5**문단 중 인용의 방법을 사용해 근거를 제시한 문단의 번호를 쓰세요.

(　　　　　　　　　)

☆ 다른 사람의 말이나 속담, 명언 등을 사용한 문단을 찾아봐.

3

어휘·표현

㉠과 관련 있는 속담은 무엇인가요? (　　　　)

① 엎지른 물　　　　　　　　　② 티끌 모아 태산

③ 우물 안 개구리　　　　　　　④ 등잔 밑이 어둡다

⑤ 쥐구멍에도 볕 들 날 있다

4

비판

㉡이 근거로 적절한지 알맞게 판단한 친구의 이름을 쓰세요.

준하: ㉡은 사형 제도를 유지해야 하는 까닭으로, 주장과 관련이 없기 때문에 근거로
　　적절하지 않아.

도연: ㉡은 사회적 약자와 관련지어 사형 제도의 문제점을 제시해 주장을 설득력 있게
　　뒷받침하므로 근거로 적절해.

(　　　　　　　　　)

5

어휘·표현

ⓒ을 적절한 표현으로 바꾸어 쓴 것은 무엇인가요? (   )

① 사형 제도는 범죄를 억제한다.

② 사형 제도는 범죄를 억제하는 효과가 없다.

③ 사형 제도는 범죄를 억제하는 효과가 결코 없다.

④ 사형 제도가 범죄를 억제할 수 있을지 알 수 없다.

⑤ 내 생각에는 사형 제도가 범죄를 억제하지 못할 것 같다.

6

추론

이 글의 짜임상 ⓔ에 들어갈 문장으로 알맞은 것은 무엇인가요? (   )

① 사형은 정말 무서운 형벌이다.

② 사형 제도는 폐지되어야 한다.

③ 사회적 약자를 보호해야 한다.

④ 판사는 객관적인 판결을 내려야 한다.

⑤ 사형 제도에 대한 논의는 더 이상 필요 없다.

☆ 결론 부분이므로 글쓴이의 주장을 강조한 문장을 찾아봐.

7

적용·창의

이 글에 나타난 글쓴이의 주장에 반대하는 사람이 내세울 수 있는 근거로 알맞은 것을 두 가지 찾아 ○표 하세요.

(1) 사형에 대한 두려움으로 사람들이 흉악한 범죄를 저지르지 못하게 할 수 있다.   (   )

(2) 흉악범은 다른 사람의 생명과 존엄성을 함부로 침해했으므로 인권을 보호받을 권리가 없다.   (   )

(3) 흉악범에게 무기 징역을 선고하는 것으로도 충분하다. 흉악범이라도 국가가 생명을 빼앗아 갈 권리는 없다.   (   )

📝 내용 정리

⭐ 빈칸에 알맞은 말을 쓰거나 ○표를 하여 오늘 읽은 글의 내용을 정리해 보세요.

서론	❶( )은/는 없어야 한다.
본론	• 사형 제도는 인간의 ❷( )을/를 훼손한다. • 사형 제도 때문에 억울한 사람이 죽을 수도 있다. • 사형 제도는 사회적 ❸(강자, 약자)에게 불리하다. • 사형 제도는 ❹( )을/를 억제하는 효과가 없다.
결론	사형 제도는 많은 문제점이 있으므로 폐지되어야 한다.

🔍 어휘 정리

1 빈칸에 알맞은 낱말을 ◦보기◦에서 찾아 쓰세요.

> ◦보기◦   계기   존폐   형벌

(1) 경제가 어려워 회사가 ( )의 위기에 놓였다.

(2) 판사가 법을 어긴 사람에게 ( )을/를 내렸다.

(3) 달리기에서 일 등을 한 것을 ( )(으)로 운동에 관심을 갖게 되었다.

2 빈칸에 들어갈 관용어로 알맞은 것에 ○표 하세요.

> "열 명의 범죄자를 놓치는 한이 있더라도 한 명의 무고한 희생자를 만들지 마라."라는 법언을 ▨▨▨▨▨▨ 한다.

(1) 꼬리를 내려야
( )

(2) 가슴에 새겨야
( )

(3) 눈에서 벗어나야
( )

그린벨트를 ㉠

1 도시로 인구가 집중되고 산업화가 진행되면서 도시는 빠르게 개발되었다. 도시에 건물들이 우후죽순으로 늘어나고 사방이 콘크리트로 덮이자 정부는 녹지 공간이 사라지는 것을 방지하기 위해 1970년대부터 그린벨트를 지정했다. 그런데 최근 도시의 주택 부족 문제가 심각해지자, 그린벨트를 풀어 아파트를 지어야 한다는 주장이 확산되고 있다. 그러나 우리는 그린벨트를 지켜야 한다. 우리가 그린벨트를 지켜야 하는 까닭은 무엇일까?

2 첫째, ㉡그린벨트는 시민들에게 휴식과 삶의 활력을 주는 공간이다. 한 연구 결과에 따르면, 푸른 숲을 보는 환자가 도심의 풍경을 보는 환자보다 회복 속도가 빠르다고 한다. 또 자연 풍경을 볼 수 있는 교실에서 시험을 치르는 학생들이 콘크리트 벽에 둘러싸인 교실에서 시험을 치르는 학생들보다 성적이 좋다는 실험 결과도 있다.

3 둘째, ㉢그린벨트는 도시의 공기를 정화해 준다. 오늘날 미세 먼지 증가, 기후 변화 등으로 인해 녹지의 중요성은 더욱 커졌다. 나무 한 그루는 연간 이산화 탄소를 2.5톤 흡수하고, 산소를 1.8톤 *방출한다. 또한 여름 한낮을 기준으로 나무 그늘의 평균 온도는 도심지에 비해 3~7도 낮은데, 이것은 에어컨 다섯 대를 다섯 시간 가동하는 효과와 같다.

4 셋째, ㉣그린벨트는 재산권을 침해한다. 그린벨트 안에서는 건물을 짓거나 개발하는 것이 제한되기 때문에 토지를 소유한 사람 마음대로 토지를 활용할 수 없다. 집도 마음대로 고칠 수 없어서 수십 년 동안 불편한 생활을 하기도 한다.

5 넷째, 그린벨트는 도시의 무질서한 확산을 방지해 준다. 그린벨트 규제가 완화되어 개발이 이루어지면 도시로 인구가 더욱 집중되어 주택 가격이 상승하고 환경 오염 문제, 쓰레기 문제 등 여러 가지 도시 문제가 발생한다. 그린벨트가 거대한 장벽처럼 도시를 둘러싸고 있다면 도시가 무분별하게 팽창하는 것을 막을 수 있다.

6 도시의 부족한 주택 문제를 해결하고자 그린벨트를 푼다면 또 다른 문제에 직면하게 될 것이다. 그리고 한번 훼손된 자연은 원래 상태로 되돌리기 어렵다. 따라서 그린벨트를 유지하면서 전국의 각 지역을 고르게 발전시키기 위한 방안을 마련하는 데 팔을 걷어붙이는 것이 현명하다.

* 그린벨트: 수도권이나 대도시처럼 사람들이 많이 사는 도시 근처에 숲이나 나무가 있는 공간을 보전하기 위해 개발을 제한하는 지역.
* 방출한다: 빛이나 열 등을 밖으로 내보낸다.

1

주제

㉠에 들어갈 말로 알맞은 것은 무엇인가요? (   )

① 없애자   ② 줄이자   ③ 지키자
④ 알리자   ⑤ 풀어 주자

2

내용 이해

글쓴이의 주장에 대한 근거가 <u>아닌</u> 것을 두 가지 고르세요. (   )

① 그린벨트는 도시의 공기를 정화해 준다.
② 최근 도시의 주택 부족 문제가 심각해졌다.
③ 그린벨트는 도시의 무질서한 확산을 방지해 준다.
④ 그린벨트가 거대한 장벽처럼 도시를 둘러싸고 있다.
⑤ 그린벨트는 시민들에게 휴식과 삶의 활력을 주는 공간이다.

3

어휘·표현

다음과 같은 뜻을 가진 낱말을 **1**문단에서 찾아 쓰세요.

> 어떤 일이 한때에 많이 생겨남을 비유적으로 이르는 말.

(   )

4

 비판

㉡~㉣이 근거로 적절한지 <u>잘못</u> 평가한 친구의 이름을 쓰세요.

유진: ㉡은 그린벨트가 우리에게 주는 이로운 점이므로 글쓴이의 주장을 뒷받침하는
데 도움이 안 돼. 따라서 글쓴이의 주장에 대한 근거로 적절하지 않아.
누리: ㉢은 그린벨트를 지켜야 하는 까닭으로, 글쓴이의 주장과 관련이 있고 사실이
야. 따라서 글쓴이의 주장에 대한 근거로 적절해.
준형: ㉣은 그린벨트 때문에 피해를 입은 내용이므로 글쓴이의 주장과 반대되는 주장
에 어울리는 근거야. 따라서 글쓴이의 주장에 대한 근거로 적절하지 않아.

(   )

5

짜임

3문단에서 근거를 든 방법으로 알맞은 것에 ○표 하세요.

(1)
구체적인 수치를 제시해 근거를 자세히 설명했다.

( )

(2)
문제를 해결할 수 있는 방법을 구체적으로 제시했다.

( )

(3)
환경 단체에서 일하는 사람이 한 말을 인용했다.

( )

6

추론

이 글의 짜임으로 볼 때, **5**문단과 **6**문단 사이에 들어갈 수 있는 내용으로 알맞은 것은 무엇인가요? ( )

① 도시화가 필요한 까닭
② 그린벨트로 인한 문제점
③ 그린벨트를 풀면 좋은 점
④ 도시 문제를 해결하는 방법
⑤ 그린벨트가 우리에게 주는 이로운 점

☆ **5**문단은 본론 부분이고, **6**문단은 결론 부분이야. 본론에 더 들어갈 수 있는 내용을 찾아봐.

7

적용·창의

글쓴이의 주장이 잘 나타난 표어를 두 가지 찾아 ○표 하세요.

(1)
녹지는 우리의 생명!
꼭 지키고 가꾸어요

( )

(2)
전기 절약
나부터, 작은 일부터 시작해요

( )

(3)
녹지보다는 주택이 우선
나무보다는 사람이 우선

( )

(4)
그린벨트는
도시의 바람길, 물길

( )

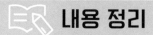

⭐ 빈칸에 알맞은 말을 쓰거나 ○표를 하여 오늘 읽은 글의 내용을 정리해 보세요.

서론	그린벨트를 ❶(없애야, 지켜야) 한다.
본론	• 그린벨트는 시민들에게 ❷(　　　　　)과/와 삶의 활력을 주는 공간이다. • 그린벨트는 도시의 ❸(　　　　　)을/를 정화해 준다. • 그린벨트는 도시의 무질서한 확산을 방지해 준다.
결론	❹(　　　　　　　　　　)을/를 유지하면서 전국의 각 지역을 고르게 발전시키기 위한 방안을 마련하는 것이 현명하다.

어휘 정리

1 다음 문장에 알맞은 낱말을 (　　) 안에서 골라 ○표 하세요.

⑴ 아기의 웃음은 부모에게 커다란 (실망, 활력)을/를 준다.

⑵ CCTV 설치는 사생활을 (보전할, 침해할) 가능성이 높다.

⑶ 수입 규제가 (완화되어, 제한되어) 외국에서 물건을 수입하기가 훨씬 쉬워졌다.

2 밑줄 친 관용어의 뜻으로 알맞은 것에 ○표 하세요.

> 그린벨트를 유지하면서 전국의 각 지역을 고르게 발전시키기 위한 방안을 마련하는 데 <u>팔을 걷어붙이는</u> 것이 현명하다.

⑴ 잘난 체하며 우쭐대다. 　　　　　　　　　　　　　　　　　　　　　　　　　(　　)

⑵ 흥분되거나 긴장된 마음을 가라앉히다. 　　　　　　　　　　　　　　　　　　　(　　)

⑶ 어떤 일에 뛰어들어 적극적으로 일할 태세를 갖추다. 　　　　　　　　　　　　(　　)

1 "야호!", "야호!"

　새벽 5시에 뒷산에서 들려오는 '야호' 소리에 화들짝 놀라 잠에서 깼습니다. 누군가가 이른 새벽부터 산에 올랐다가 정상에 오른 기쁨에 소리를 지르는 모양입니다. 그 사람은 기쁠지 모르지만 달콤한 잠을 방해받은 나는 짜증이 났습니다. 어쩌다 한 번 듣는 나도 이렇게 짜증이 나는데 하루에도 수천 명이 다녀가는 유명한 산에 사는 동물들은 얼마나 스트레스를 받을까요? 하루에 수백, 수천 번씩 저런 소리를 듣는다고 생각하니 정말 끔찍합니다. 여러분, (　　　　　　　　　　　⊙　　　　　　　　　　　) 그 까닭은 다음과 같습니다.

2 첫째, 겨울잠을 자는 곰이 깰 수 있습니다. 겨울철은 산짐승들이 겨울잠을 자는 계절입니다. 지리산에 사는 반달곰은 아무것도 먹지 않고 배설도 하지 않은 채 겨울잠을 자다가 3월 말에서 4월 초에 잠에서 깹니다. 곰은 겨울잠을 자는 도중에 깨면 몸속에 영양분이 부족해 생명이 위험할 수도 있습니다. 국립 공원 공단의 직원은 "곰은 겨울잠을 자는 기간에 새끼를 출산하기도 하는데 출산한 곰은 매우 예민한 상태입니다. 그러므로 겨울에 등산할 때에는 곰을 자극할 만한 소음을 자제해 주십시오."라고 당부합니다. 곰이 편안하게 겨울잠을 자고 새끼를 낳을 수 있도록 산에서는 소리를 지르지 말아 주세요.

3 둘째, 산새들이 알을 낳아 번식하는 것을 방해합니다. 4~7월은 산새들이 짝짓기를 하고 알을 낳는 계절입니다. 이 시기에 사람들이 큰 소리를 지르면 산새들은 짝짓기를 하지 못하거나 알을 품고 있던 어미 새가 알을 둥지에 두고 달아나기도 합니다. 우리가 외치는 '야호' 소리의 크기는 110데시벨 정도입니다. 비행기 소음이 120데시벨, 공장 소음이 90~100데시벨, 지하철 소음이 80~90데시벨, 진공청소기 소음이 70데시벨이라고 하니 '야호' 소리가 얼마나 큰 소음인지 알 수 있겠죠? 산새들은 사람보다 청각이 발달되어서 더 많은 스트레스를 받습니다. 사람도 소음에 계속 노출되면* 건강에 이상이 생길 수 있듯이 산새도 지속적인 소음 때문에 이상 행동을 할 수 있습니다. 우리가 아무 생각 없이 지르는 '야호' 소리가 산새들을 ⓛ보호하고 있다는 것을 잊지 마세요.

4 우리가 산에 가는 이유는 자연을 즐기고 편안함을 얻기 위해서입니다. 산에 사는 동물들을 일부러 괴롭히고 싶은 사람은 없습니다. 산이 동물들의 안식처가 될 수 있도록 산에 오를 때에는 소리를 지르거나 큰 소리로 말하지 말아 주세요.

* 노출되면: 겉으로 드러나면.

1

❶문단에 대한 설명으로 알맞은 것은 무엇인가요? (   )

① 글의 내용을 요약했다.

② 글을 쓴 문제 상황을 밝혔다.

③ 글쓴이의 주장에 대한 근거를 제시했다.

④ 근거를 뒷받침하는 다양한 자료를 제시했다.

⑤ 글쓴이가 상상한 내용을 재미있게 꾸며 썼다.

☆ 논설문의 짜임상 ❶문단이 어느 부분에 해당하는지 파악해 봐.

2

㉠에 들어갈 문장으로 알맞은 것은 무엇인가요? (   )

① 충분한 수면을 취하세요.

② 산에 너무 자주 가지 마세요.

③ 건강을 위해 일찍 일어나세요.

④ 산에 쓰레기를 버리지 말아 주세요.

⑤ 산에서는 소리를 지르지 말아 주세요.

3

❷문단에서 인용의 방법으로 근거를 제시한 부분에 밑줄을 그으세요.

4

이 글의 내용으로 보아, 소음이 가장 큰 것은 무엇인가요? (   )

① 공장 소음   ② '야호' 소리

③ 비행기 소음   ④ 지하철 소음

⑤ 진공청소기 소음

5

어휘·표현

ⓒ을 글의 내용에 알맞게 고친 것은 무엇인가요? (   )

① 구조하고   ② 도와주고   ③ 보존하고

④ 위로하고   ⑤ 위협하고

6

글쓴이의 주장과 근거가 타당한지 알맞게 판단한 친구의 이름을 쓰세요.

희연: 글쓴이의 주장은 문제 상황을 해결하는 데 도움이 되지 않으므로 타당하지 않아.

도준: ❷문단과 ❸문단에서 말한 두 가지 근거 모두 글쓴이의 주장과 관련이 있고 객관적인 사실이므로 근거로 적절해.

수민: ❷문단에서 말한 첫째 근거는 글쓴이의 주장을 설득력 있게 뒷받침하므로 근거로 적절하지만, ❸문단에서 말한 둘째 근거는 글쓴이의 주장과 관련이 없으므로 근거로 적절하지 않아.

(   )

7

적용·창의

다음 수연이의 말을 듣고 글쓴이가 했을 말로 알맞은 것에 ○표 하세요.

수연: 눈을 밟으며 산 정상에 오르니 기분이 정말 상쾌해. 큰 소리로 야호를 외쳐 볼까?

(1) 산새들이 놀라서 짝짓기를 하지 못할 수도 있으니 조용히 하는 게 어떨까요?   (   )

(2) 그동안 쌓였던 스트레스가 확 풀릴 수 있도록 있는 힘껏 소리를 질러 보세요.   (   )

(3) 겨울잠을 자는 동물들이 놀라서 깰 수도 있으니 큰 소리를 내지 말아 주세요.   (   )

☆ 글쓴이가 제시한 근거 중 수연이의 상황에 알맞은 것을 찾아 글쓴이가 했을 말을 짐작해 봐.

📖 내용 정리

⭐ 빈칸에 알맞은 말을 쓰거나 ○표를 하여 오늘 읽은 글의 내용을 정리해 보세요.

서론	산에서는 ❶( )을/를 지르지 말자.
본론	• 겨울잠을 자는 ❷( )이/가 깰 수 있다. • 산새들이 알을 낳아 ❸(번식하는, 이동하는) 것을 방해한다.
결론	산에 오를 때에는 소리를 지르거나 큰 소리로 말하지 말자.

🔍 어휘 정리

1 빈칸에 알맞은 낱말을 **○보기○**에서 찾아 쓰세요.

> **○ 보기 ○**　　　　　노출　　　소음　　　배설

(1) 학교 근처에서 공사 중이어서 (   )이 심하다.

(2) (   )을 잘하지 못하면 몸속에 독소가 쌓인다.

(3) 여름철에 햇볕에 오래 (   )되면 화상을 입을 수 있다.

2 빈칸에 들어갈 관용어로 알맞은 것에 ○표 하세요.

> 진아: 겨울잠을 자는 곰을 자극할 만한 소음을 내면 안 된다는 말은 겨울에 등산하는 사람들
> 이 　　　　　　　 많이 듣는 말이야.

(1) 손이 닳도록

(   )

(2) 발이 저리도록

(   )

(3) 귀에 못이 박히도록

(   )

나는 이상을 위해 죽을 각오가 되어 있습니다

넬슨 만델라

1 ㉠아프리카인들도 평범한 인간이고 싶습니다. 아프리카인이 인간적으로 존중받지 못하고 짓밟히는 것은 백인 우위 정책 때문입니다. 남아프리카 공화국에서는 아프리카인이 온갖 허드렛일을 떠맡습니다. 백인은 아프리카인 누구에게나 청소나 짐을 옮기는 일 등을 억지로 시킬 수 있습니다. 백인은 아프리카인을 인간이 아니라고 여기는 듯합니다. 백인은 아프리카인도 감정이 있고, 가족의 생계를 위해 돈을 충분히 벌고 싶어 한다는 사실을 잊은 듯합니다.

2 ㉡우리 아프리카인은 국민의 일부이고 싶습니다. 정부가 정해 주는 일이 아니라 스스로 선택한 일을 하면서 정당한 대가를 받고 싶습니다. 고향이 아니라는 이유로 내가 살고 있는 곳에서 쫓겨나고 싶지 않습니다. 아프리카 남자들도 일하는 곳에서 가족과 함께 살고 싶습니다. 남자만 들어가는 보호소에서 의미 없는 삶을 살도록 강요받고 싶지 않습니다. 우리는 밤 11시 이후에도 밖에 나가고 싶습니다. 더 이상 방에 갇혀 살고 싶지 않습니다. 아프리카인들은 남아프리카 공화국에서 우리의 정당한 몫과 안전하게 살아갈 권리를 원할 뿐입니다.

3 (㉢) 이것이 없다면 우리는 영원히 무력한 상태로 남아 있을 것입니다. 나는 이 주장이 백인들에게 위협적으로 들린다는 것을 압니다. 왜냐하면 이 주장이 실현되면 아프리카인이 대다수 *유권자가 될 것이기 때문입니다. 이 점 때문에 백인들은 민주주의를 두려워합니다. 그러나 백인들의 두려움 때문에 모든 사람을 위한 인종 간의 조화와 자유를 위한 길이 가로막혀서는 안 됩니다. 모든 사람에게 선거권을 주면 지금과 반대로 흑인이 백인을 지배할 것이라는 우려는 *기우입니다. 피부색으로 정치적 권리와 행위를 나누는 것이 사라질 때, 한 인종이 다른 인종을 지배하는 일도 사라질 것입니다.

4 나는 평생을 아프리카인들의 투쟁에 헌신해 왔습니다. 나는 백인의 지배에 맞서 싸웠고, 흑인의 지배에도 맞서 싸웠습니다. 나는 모든 사람이 동등한 기회를 얻고 조화롭게 살아가는 민주적이고 자유로운 사회의 이상을 소중히 여겨 왔습니다. 이것이 내가 삶 속에서 실현시키고자 하는 이상입니다.

* 유권자: 선거할 권리를 가진 사람.
* 기우: 앞일에 대해 쓸데없는 걱정을 함. 또는 그 걱정.

1 글쓴이가 생각하는 문제 상황으로 알맞은 것에 ○표 하세요.

내용 이해

(1) 아프리카인들이 차별을 받고 있는 것 ( )

(2) 모든 사람이 선거권을 가지고 있는 것 ( )

(3) 남아프리카 공화국이 아프리카인들의 지배를 받고 있는 것 ( )

2 아프리카인들이 겪는 일이 <u>아닌</u> 것은 무엇인가요? ( )

내용 이해

① 돈을 충분히 벌지 못한다.

② 일자리를 스스로 선택해야 한다.

③ 밤 11시 이후에는 밖에 나가지 못한다.

④ 일자리 때문에 가족과 떨어져 살아야 한다.

⑤ 백인들이 시키는 온갖 허드렛일을 떠맡는다.

3 글쓴이의 주장으로 알맞은 것에 ○표 하세요.

주제

(1) 흑인이 세상을 지배해야 한다.

( )

(2) 흑인은 백인과 맞서 싸워야 한다.

( )

(3) 흑인과 백인이 조화롭게 살아가야 한다.

( )

☆ ❹문단을 통해 글쓴이의 주장을 알 수 있어.

4 ❷문단에서 근거를 제시한 방법으로 알맞은 것은 무엇인가요? ( )

짜임

① 구체적인 통계 자료를 제시했다.

② 실현 방법을 구체적으로 제시했다.

③ 많은 사람이 알 수 있는 속담을 인용했다.

④ 유명한 기관의 설문 조사 결과를 제시했다.

⑤ 앞으로 일어날 수 있는 일들을 예로 들었다.

5

비판

글쓴이의 주장과 ㉠, ㉡의 근거가 타당한지 <u>잘못</u> 판단한 친구의 이름을 쓰세요.

> 재호: 글쓴이의 주장은 백인 우위 정책 때문에 흑인들이 차별받는 당시 상황에서 가치
>   있고 중요하므로 타당해.
> 준혁: ㉠은 글쓴이가 상상한 내용이므로 근거로 적절하지 않아.
> 민희: ㉡은 글쓴이의 주장과 관련이 있고 주장을 뒷받침하기에 알맞으므로 근거로 적
>   절해.

(   )

6

추론

㉢에 들어갈 문장으로 알맞은 것은 무엇인가요? (   )

① 우리는 민주주의를 두려워합니다.
② 우리는 재산을 많이 모으기를 원합니다.
③ 우리는 흑인이 백인보다 우월하기를 원합니다.
④ 우리는 무엇보다 평등한 정치적 권리를 원합니다.
⑤ 우리는 백인들에게 선거권을 주지 않기를 원합니다.

7

적용·창의

글쓴이가 추구하는 가치로 알맞지 <u>않은</u> 것은 무엇인가요? (   )

① 자유   ② 평화   ③ 평등
④ 지배   ⑤ 조화

☆ 글쓴이가 중요하게 여기는 가치가 아닌 것을 찾아봐.

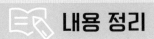 

내용 정리

⭐ 빈칸에 알맞은 말을 쓰거나 ○표를 하여 오늘 읽은 글의 내용을 정리해 보세요.

문제 상황	아프리카인들이 차별을 받고 있다.
근거	• 아프리카인들도 ❶(평범한, 특별한) 인간이고 싶다. • 아프리카인은 ❷( )의 일부이고 싶다. • 아프리카인은 무엇보다 평등한 정치적 권리를 원한다.
주장	나는 모든 사람이 동등한 ❸( )을/를 얻고 조화롭게 살아가는 민주적이고 자유로운 사회의 이상을 실현시키고자 한다.

어휘 정리

1 빈칸에 알맞은 낱말을 ◦보기◦에서 찾아 쓰세요.

> ◦보기◦   생계   우위   유권자

(1) 우리 팀이 상대 팀보다 정신력에서 (   )에 있다.

(2) 그는 가족의 (   )를 위해 닥치는 대로 일을 했다.

(3) 국회 의원 후보들이 (   )의 표를 얻기 위해 선거 운동을 했다.

2 빈칸에 들어갈 관용어로 알맞은 것에 ○표 하세요.

> 넬슨 만델라: 백인 여러분, 모든 사람에게 선거권을 주면 지금과 반대로 흑인이 백인을 지배할 것 같아서 걱정이시라고요? 그런 일은 절대로 일어나지 않을 테니 ▨▨▨▨▨▨.

(1) 눈을 속이세요	(2) 걱정을 잡아매세요	(3) 걸음을 재촉하세요
( )	( )	( )

낱말 미로

앞에서 배운 낱말을 떠올려 보고, 퀴즈를 풀며 미로를 탈출해 보세요.

세금을 정하여 그것을 내도록 의무를 지우는 것을 뜻하는 낱말은 무엇일까?

집세

빈번한

"왜구의 침략이 ○○○ 바닷가 마을 사람들은 항상 불안에 떨었다."에서 빈칸에 들어갈 낱말은?

빈약한

과세

과실

"시험에 떨어질 거라는 생각은 ○○일 뿐 너는 합격할 거야."에서 빈칸에 들어갈 낱말은?

과분

우위

어떤 일에 주의하지 않아서 생긴 잘못이나 실수를 뜻하는 낱말은 무엇일까?

기우

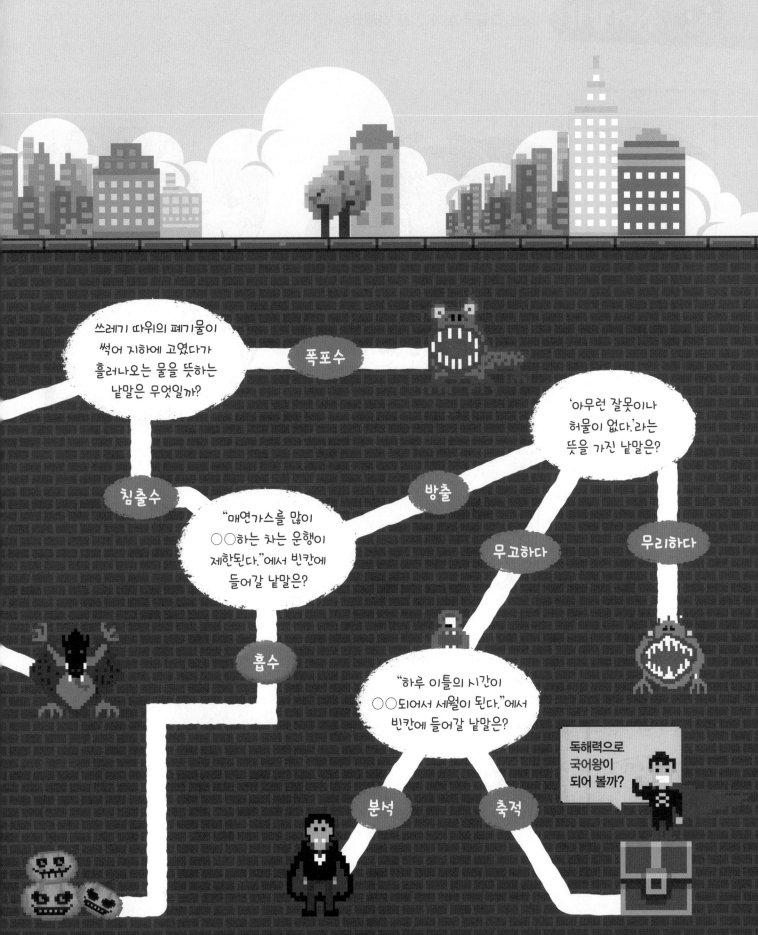

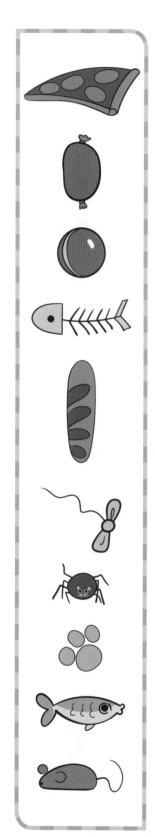

정답 및 해설 16쪽에서 확인하세요.

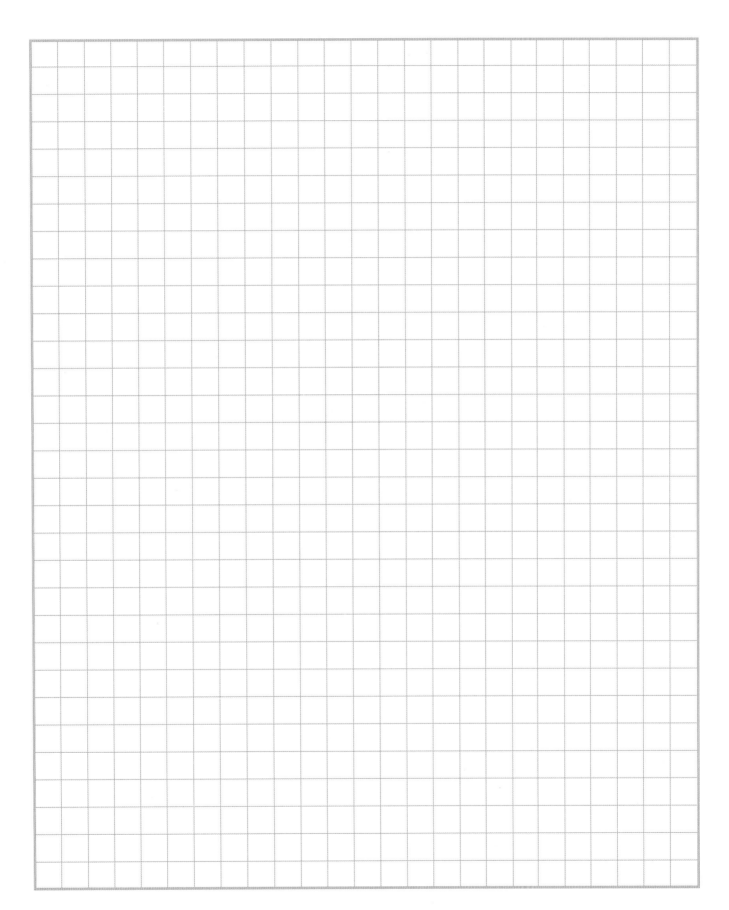

독해 비법이 담긴 기본편 을 완성하였습니다.

이제 본격 실전 문제로 실력을 키워 볼까요?
자, 실력편 으로 출발!

앗!

[정답 및 해설]이 어디 도망갔다고요?
길벗스쿨 홈페이지에 들어오세요.
도서 자료실에 딱 준비되어 있습니다!

기적의 독해력

기본편

정답 및 해설

9권

1 DAY

14~17쪽

비법 1	예시	⑤
	연습	1 (3) ○ 2 가게 주인
비법 2	예시	(1) ○ (3) ○
	연습	1 (3) ○ 2 ①

비법 1

예시 남편은 어머니를 잃은 이웃의 아이들을 데려와 돌보려고 할 만큼 이웃에 대한 사랑을 중요하게 여깁니다.

연습 1 똑같은 상황이라도 소년처럼 긍정적으로 생각하면 좋은 결과를 가져올 수 있습니다.

비법 2

예시 중심 사건은 비단 장수가 비단 보따리를 잃어버린 일입니다.

연습 1 존시는 병 때문에 몸과 마음이 쇠약해져 아무런 의욕 없이 죽을 날만 기다리고 있습니다.

2 DAY

18~21쪽

비법 3	예시	③
	연습	1 (2) ○ 2 ㉢
비법 4	예시	(2) ○
	연습	1 (1) 까투리 (2) 장끼 2 ②

비법 3

예시 알자스와 로렌 지방에 있는 학교에서는 독일 베를린에서 온 명령에 따라 프랑스어 대신 독일어를 배워야 했습니다. ③의 내용은 글에 나와 있지 않습니다.

연습 2 ㉢에서 양반과 기생은 결혼을 할 수 없다고 하는 것으로 보아, 그 당시 신분 차별이 있었음을 추론할 수 있습니다.

비법 4

예시 남편은 옷 때문에 우는 여자의 마음을 이해할 수 없다고 했으므로, 나희는 남편의 생각을 잘못 파악한 것입니다.

연습 2 왕자는 죽음 앞에 당당히 맞서며 오히려 왕비를 위로하고 있습니다.

3 DAY

22~25쪽

1 ②	2 ㉮, ㉰	3 (3) ○	4 (2) ○	5 (3) ○
6 유라	7 (1) ○			

내용 정리	❶ 공녀 ❷ 원 ❸ 탄실
어휘 정리	1 (1) 단호하게 (2) 수모 (3) 허드렛일
	2 (1) 처음 (2) 방법 (3) 형편

1 공녀들은 부당한 대우에 맞서고 있으나 그것이 남녀평등에 해당되지는 않습니다.

2 힘이 센 원나라가 고려에 여자를 바칠 것을 요구해서 힘이 약한 고려는 공녀들을 원나라로 보냈습니다. 원나라로 간 공녀들은 그곳에서 노예와 다름없는 고달픈 생활을 했습니다.

3 '대동단결(大 큰 대 同 같을 동 團 둥글 단 結 맺을 결)'은 여러 집단이나 사람이 어떤 목적을 이루려고 크게 한 덩어리로 뭉친다는 뜻입니다.

4 연화는 공녀들이 원나라 황족에게 수모를 받으며 사는 지금의 상황을 변화시켜야 한다고 생각하므로 정당한 대우를 중요하게 여기는 것입니다.

6 성빈은 탄실의 생각을 잘못 파악해 평가했습니다.

7 (2) 고려 백성들은 나라보다 가족을 더 소중히 여겼기 때문에 딸을 일찍 결혼시켜 공녀로 보내지 않으려고 했습니다.
(3) 고려 조정은 원나라에 공녀를 보내기 위해 결혼할 때 허가를 받도록 하는 법을 만들었습니다.

어휘 정리

1 (1) **단란하다**: 여럿이 함께 즐겁고 화목하다.
   단호하다: 결심이나 태도, 입장 따위가 과단성 있고 엄격하다.
  (2) **수모**: 모욕을 받음.
   추모: 죽은 사람을 그리며 생각함.
  (3) **밭일**: 밭에서 하는 일.
   허드렛일: 중요하지 않고 허름한 일.

2 (1) **애초**: 맨 처음.
  (2) **방도**: 어떤 일을 하거나 문제를 풀어 가기 위한 방법과 도리.
  (3) **처지**: 처하여 있는 사정이나 형편.

1 (1) ○　**2** ①, ⑤　**3** ①　**4** ②　**5** ⑤　**6** 대회
7 (3) ○

내용 정리　**❶** 혼례(혼인)　**❷** 흉측한　**❸** 착한
어휘 정리　**1** (1) 비명　(2) 손가락질　(3) 흉측　**2** (2) ○

1 시백은 박씨의 외모를 못마땅하게 여겨 박씨를 무시하며 피하고 있습니다. 따라서 시백이 박씨와 갈등을 겪는 인물입니다.

2 시백이 신부인 박씨의 얼굴을 처음 본 것은 혼례를 마친 뒤였다는 내용을 통해 ⑤의 시대 상황을 알 수 있습니다. 또, 박씨가 하인들의 손가락질까지 받았다는 내용을 통해 ①의 시대 상황을 알 수 있습니다.

3 ㉠에는 '하도 어이가 없어 말이 나오지 않다.'라는 뜻을 가진 '기가 차서'가 알맞습니다.
② **손이 빠르다**: 일 처리가 빠르다.
③ **눈을 밝히다**: 무엇을 찾으려고 신경을 집중하거나 힘을 넣다.
④ **코가 납작해지다**: 몹시 무안을 당하거나 기가 죽어 위신이 뚝 떨어지다.
⑤ **귀가 번쩍 뜨이다**: 들리는 말에 선뜻 마음이 끌리다.

4 박씨는 자신을 멀리하는 시백 때문에 우울하고 슬플 것입니다.

5 시백은 박씨의 착한 성품은 살피지 못하고, 박씨의 외모만 보고 박씨를 멀리했습니다. 따라서 시백이 외적인 아름다움을 중요시한다는 것을 알 수 있습니다.

6 소미는 이 대감의 생각을 바르게 파악했지만, 이 대감의 생각과 관련 없는 엉뚱한 말을 했습니다. 현진이는 이 대감의 생각을 잘못 파악했습니다.

7 박씨가 이기적이고 급한 성격으로 바뀐다면 박씨는 자신을 멀리하는 시백에게 화를 내며 따지거나 자신에게 손가락질하는 하인들을 혼내 주었을 것입니다.

어휘 정리

1 (1) **비명**: 일이 매우 위급하거나 몹시 두려움을 느낄 때 지르는 외마디 소리.

2 (1)의 뜻에 어울리는 관용어는 '눈앞이 캄캄하다'이고, (3)의 뜻에 어울리는 관용어는 '입을 막다'입니다.

1 ①, ③　**2** ㉮　**3** ②　**4** ③　**5** ④　**6** (1) 노인
(2) '나'　**7** ④

내용 정리　**❶** 방망이　**❷** 제대로　**❸** 차
어휘 정리　**1** (1) 에누리　(2) 늑장　(3) 대꾸
　　　　　　2 (1) 초조하게　(2) 굼뜨다

1 ① 방망이를 사람인 것처럼 표현한 부분은 나오지 않습니다.
③ "동대문 맞은편 길가에 앉아서 방망이를 깎아 파는 노인이 있었다."에서 일이 일어난 장소를 알 수 있습니다.

3 ㉡은 '값이나 금액을 낮추어서 줄이다.'라는 뜻이고, 나머지는 '칼 따위로 물건의 거죽이나 표면을 얇게 벗겨 내다.'라는 뜻입니다.

4 ㉮는 자꾸 재촉하지 말라는 뜻으로 한 말이므로 모든 일에는 질서와 차례가 있는 법인데 일의 순서도 모르고 성급하게 덤빔을 비유적으로 이르는 속담인 '우물에 가 숭늉 찾는다'가 알맞습니다.
① **방귀 뀐 놈이 성낸다**: 자기가 방귀를 뀌고 오히려 남보고 성낸다는 뜻으로, 잘못을 저지른 쪽에서 오히려 남에게 성냄을 비꼬는 말.
② **바늘 가는 데 실 간다**: 바늘이 가는 데 실이 항상 뒤따른다는 뜻으로, 사람의 긴밀한 관계를 비유적으로 이르는 말.
④ **원숭이도 나무에서 떨어진다**: 아무리 익숙하고 잘하는 사람이라도 간혹 실수할 때가 있음을 비유적으로 이르는 말.
⑤ **낮말은 새가 듣고 밤말은 쥐가 듣는다**: 아무도 안 듣는 데서라도 말조심해야 한다는 말.

5 노인은 제대로 된 방망이를 만들기 위해 정성을 다해 방망이를 깎았습니다.

7 "대단히 무뚝뚝한 노인이었다."로 보아, '무뚝뚝한 말투로'가 알맞습니다.

어휘 정리

1 (2) **늑장**: 느릿느릿 꾸물거리는 태도.
(3) **대꾸**: 남의 말을 듣고 그대로 받아들이지 않고 그 자리에서 제 의사를 나타냄. 또는 그 말.

2 (1) **초조하다**: 애가 타서 마음이 조마조마하다.

6 DAY

1 ④, ⑤ 2 (3) ○ 3 ④ 4 ⑤ 5 ④ → ⓒ → ⑦
6 소희 7 ③

내용 정리 ❶ 밀가루(배급) ❷ 쓰레기통 ❸ 고아
어휘 정리 1 (1) 포화 (2) 구걸 (3) 임시 2 (3) ○

1 이 글은 한국 전쟁 당시 피난민들이 모여든 부산을 배경으로 피난민들의 삶을 보여 주고 있습니다. 이를 통해 전쟁이라는 시련을 이겨 내는 인간의 의지와 희망을 엿볼수 있습니다.

2 달구가 피난길에 헤어진 아버지의 소식을 모른 채 마냥기다리고 있는 것으로 보아, 당시 전쟁으로 가족들이 흩어져 소식을 알 수 없었다는 것을 짐작할 수 있습니다.

3 사람들로 북적거렸다는 것은 사람이 매우 많았다는 것을나타내므로 관련 있는 사자성어는 '인산인해(人 사람 인 山 뫼 산 人 사람 인 海 바다 해)'입니다.

4 달구는 자신이 부모를 잃은 아이들과는 다르다고 생각해그동안 쓰레기통을 뒤지지도 않았고 구걸을 하지도 않았습니다. 이것으로 보아, 달구는 자존심이 강하다는 것을짐작할 수 있습니다.

5 달구와 어머니, 끝순이는 피난길에 아버지와 헤어지고부산의 임시 피난소에 머물렀습니다. 그 뒤에 어머니가돌아가셨습니다.

6 정우는 쓰레기통을 뒤지면 고아라는 아주머니의 생각이타당하다고 했는데, 뒤에 이어지는 까닭이 알맞지 않습니다. 생각을 말할 때에는 생각에 어울리는 까닭을 말해야 합니다.

7 글의 처음에 달구가 식량 배급소에 간 일이 나오므로 이글의 뒤에서 달구가 식량 배급소를 처음 찾아낸다는 내용은 알맞지 않습니다.

어휘 정리

1 (2) **구걸하다**: 돈이나 곡식, 물건 따위를 거저 달라고 빌다.
 (3) **임시**: 미리 얼마 동안으로 정하지 않은 잠시 동안.

2 (1) **발을 끊다**: 오가지 않거나 관계를 끊다.
 (2) **발 벗고 나서다**: 적극적으로 나서다.
 (3) **발이 떨어지지 않다**: 애착, 미련, 근심, 걱정 따위로마음이 놓이지 않아 선뜻 떠날 수가 없다.

7 DAY

비법 1 **예시** ③
    연습 1 (2) ×   2 (1) ○ (3) ○

비법 2 **예시** 샘물(산속 샘물)
    연습 1 ③, ④   2 ③

비법 1

예시 비비새는 마을에서도 숲에서도 멀리 떨어진, 논벌로 지나간 전봇줄 위에 혼자서 동그마니 앉아 있었습니다.

연습 2 "빈 배 저어 오노라"에서 말하는 이는 고기를 잡지 못했음을 알 수 있습니다.

비법 2

예시 샘물에 벌레들, 산짐승, 별들, 산봉우리가 비치는 모습을 보고 '샘물'을 '거울'에 빗대어 표현했습니다.

연습 2 '비눗방울에 어리는 칠색 무지개'를 '누나의 치맛자락'에 빗대어 표현했습니다. 비눗방울에 어리는 칠색 무지개의모습이 누나의 치맛자락과 닮았기 때문입니다.

8 DAY

비법 3 **예시** ⑤
    연습 1 (2) ○   2 ④

비법 4 **예시** (2) ○
    연습 1 ①, ③, ⑤   2 (1) ○

비법 3

예시 말하는 이는 혼자서 빈집을 지키면서 쓸쓸하고 외로워어머니가 빨리 돌아오시기를 바라고 있습니다.

연습 1 말하는 이는 동생이라는 이유로 언니의 물건을 물려받기만 하는 것이 싫어서 언니의 언니가 되고 싶습니다.

비법 4

예시 (1)은 친구를 그리워하는 시의 전체 내용과 관련이 없습니다.

연습 1 ②의 '기쁨'과 ④의 '소나무'는 시골 할머니에게 살 수있는 것이 아닙니다.

연습 2 (2)는 시의 내용과 관련이 없습니다.

9 DAY

1 ④   2 ㉯   3 달의 노래   4 ③   5 ④   6 진수
7 (1) ○

내용 정리 ❶ 달 ❷ 은 부스러기 ❸ 달의 노래

어휘 정리 1 (1) 잎사귀 (2) 조잘거리며 (3) 부스러기
2 (3) ○

1 말하는 이가 달을 보며 노래를 부르고 있다는 내용은 시에 나타나 있지 않습니다.

2 말하는 이는 둥그런 달을 보면서 "너도 보이지.", "너도 들리지.", "너는 모른다."와 같이 '너'에게 말을 건네듯이 하며 그리운 이를 떠올리고 있습니다.
㉮ 오리나무, 시냇물 등으로 보아, 말하는 이는 도시와 떨어진 곳에서 달을 보고 있음을 알 수 있습니다.
㉰ 말하는 이가 친구와 떨어져 혼자 지내고 싶어 하는 마음은 시에 나타나 있지 않습니다.

3 달빛이 비치는 시냇물이 흘러가는 소리를 달이 노래를 부르고 있다고 표현했습니다.

4 오리나무 잎사귀 사이로 달이 비치는 모습, 달빛이 비친 시냇물이 흘러가는 모습 등을 조용하고 차분하게 표현했습니다.

5 이 시의 중심 글감인 달과 관련된 경험을 떠올린 것은 ④ 입니다.

6 이 시에서는 시냇물이 흘러가는 소리를 흉내 내는 말을 사용해 표현하지 않았습니다. '반짝반짝'은 시냇물에 비친 달빛이 반짝이는 모습을 흉내 내는 말입니다.

7 '너'를 그리워하는 시의 전체적인 내용과 어울리는 것은 (1)입니다.

어휘 정리

1 (1) **잎사귀**: 낱낱의 잎.
(2) **칭얼거리다**: 몸이 불편하거나 마음에 못마땅하여 짜증을 내며 자꾸 중얼거리거나 보채다.
2 **○보기○**의 밑줄 친 '품'은 '두 팔을 벌려서 안을 때의 가슴.'을 뜻하므로 (3)의 '품'이 같은 뜻으로 쓰였습니다.
(1) 행동이나 말씨에서 드러나는 태도나 됨됨이.
(2) 어떤 일에 드는 힘이나 수고.

10 DAY

1 (1) × (2) ○ (3) ×   2 ㉰   3 (1) 쌍동밤 (2) 참새 떼
4 ⑤   5 ⑤   6 채원   7 (3) ○

내용 정리 ❶ 친구(친구들) ❷ 혼자 ❸ 마음

어휘 정리 1 (1) 휘파람 (2) 떼 (3) 입속말
2 (1) 재어 (2) 엿들으면 (3) 낭랑한

1 (1) 시간적 배경은 늦은 저녁입니다.
(3) 1연과 2연의 내용으로 보아, 친구들과 어울려 다니지 말라고 한 것은 아닙니다.

2 말하는 이는 친구들과 함께 즐겁게 보내는 시간도 좋지만 가끔씩 혼자서 생각하는 시간을 가지기를 바랍니다.

3 '거인'은 '운동장'을 빗대어 표현한 말입니다.

4 운동장에서 아이들이 신나게 뛰어노는 모습을 운동장 가슴이 쿵쿵 울린다고 표현했습니다.

5 말하는 이는 자신에 대해 생각하는 시간을 더해 보라는 의미로 휘파람을 불어 보라고 한 것입니다.

6 이 시의 4~6연에서는 평화롭고 조용하며 신비로운 분위기가 느껴지므로 채원이는 시를 잘못 이해했습니다.

7 별들의 이야기와 시계들의 목소리를 들을 수 있는 것처럼 혼자 있을 때 상상할 수 있는 일과 어울리는 것은 (3)입니다.

어휘 정리

1 (1) **휘파람**: 입술을 좁게 오므리고 혀끝으로 입김을 불어서 맑게 내는 소리. 또는 그런 일.
(2) **떼**: 목적이나 행동을 같이하는 무리.
2 (1) **재다**: 도구나 방법을 써서 길이, 크기, 양 등의 정도를 알아보다.
재우다: 눈을 감기고 한동안 의식 활동을 쉬는 상태가 되게 하다.
(2) **엿듣다**: 남의 말을 몰래 가만히 듣다.
헛듣다: 말 따위를 귀담아듣지 않다.
(3) **탁하다**: 소리가 거칠고 굵다.

DAY

비법 1	예시	(2) ○	
	연습	1 (1) ○	2 ②
비법 2	예시	(2) ○	
	연습	1 (3) ○	2 ⑤

비법 1

연습 1 ㉠과 ⑴의 '발'은 '사람이나 동물의 다리 맨 끝부분.'을 뜻합니다. ⑵의 '발'은 '가늘고 긴 대를 줄로 엮거나, 줄 따위를 여러 개 나란히 늘어뜨려 만든 물건.'을, ⑶의 '발'은 '실이나 국수 따위의 가늘고 긴 물체의 가락.'을 뜻합니다.

연습 2 ㉠과 ②의 '썩다'는 '음식물이나 자연물이 세균에 의해 분해되어 상하거나 나쁘게 변하다.'라는 뜻입니다.
① 사람의 얼굴이 칙칙하고 윤기가 없는 상태가 되다.
③ 걱정이나 근심 따위로 마음이 몹시 괴로운 상태가 되다.
④ 물건이나 사람 또는 사람의 재능 따위가 쓰여야 할 곳에 제대로 쓰이지 못하고 내버려진 상태에 있다.
⑤ 흔할 정도로 많은 상태에 있다.

비법 2

예시 척추동물을 체온 변화가 있는지에 따라 정온 동물과 변온 동물로 묶고, 다시 정온 동물은 새끼를 낳는 방법에 따라, 변온 동물은 호흡하는 방법에 따라 묶어서 설명하고 있으므로 '분류'의 방법을 사용한 것입니다.

DAY

비법 3	예시	②	
	연습	1 (3) ○	2 (1) ○
비법 4	예시	민지	
	연습	1 (3) ○	2 (2) ○

비법 3

예시 5대 사고를 설명하는 부분에 위치를 나타낸 지도를 덧붙이면 글의 내용을 이해하는 데 도움이 될 것입니다.

비법 4

연습 2 국제 비정부 기구가 지구촌 문제 해결에 큰 역할을 하고 있다는 내용이므로 실제 사례를 제시하면 신뢰성을 높일 수 있습니다.

DAY

1 ① 2 ③ 3 ① 4 희주 5 (1) × (2) ○ (3) ○
6 ② 7 ④

내용 정리	❶ 설사 ❷ 꿀 ❸ 가구
어휘 정리	1 (1) 탄력 (2) 침목 (3) 방충 2 (1) ○

1 감나무, 밤나무, 모과나무를 예로 들어 나무의 여러 가지 쓰임새에 대해 설명했습니다.

2 방충 성분이 들어 있는 것은 밤나무 잎입니다.

3 감나무 줄기의 탄력성을 살려 골프채의 머리 부분을 만든다고 했습니다.

4 감나무의 쓰임새를 열매와 줄기로 나누어서 설명했으므로 '분석'에 해당합니다.

5 자신이 모르는 내용이라서 신뢰할 수 없다는 것은 글의 신뢰성을 알맞게 판단한 것이 아닙니다.

6 ㉠과 ②의 '보다'는 '눈으로 대상의 존재나 형태적 특징을 알다.'라는 뜻입니다.
① 일정한 목적 아래 만나다.
③ 자신의 실력이 나타나도록 치르다.
④ 남의 결점 따위를 들추어 말하다.
⑤ 맡아서 보살피거나 지키다.

7 모과는 시고 떫어서 날로 먹기 어렵다고 했으므로, 사람들이 모과를 날로 맛있게 먹는 사진은 글의 내용과 어울리지 않습니다.

어휘 정리

1 (1) **근력**: 근육의 힘.
   탄력: 탄성이 있는 물체가 본래의 형태로 돌아가려는 힘.
   (2) **고목**: 말라서 죽어 버린 나무.
   (3) **방풍**: 바람을 막는 일.

2 진우가 지각을 자주 한다는 내용이므로 '예사로 쉽게.'를 뜻하는 '떡 먹듯'이 알맞습니다.
   (2) **떡이 되다**: 크게 곤욕을 당하거나 매를 많이 맞다.
   (3) **떡이 생기다**: 뜻밖에 이익이 생기다.

1 ④ 2 ④ 3 (3) ○ 4 ③ 5 ① 6 (2) ○
7 동민

내용 정리 ❶ 궁녀 ❷ 하는 일 ❸ 지위 ❹ 궁궐

어휘 정리 1 (1) 지위 (2) 배정 (3) 경사
　　　　　 2 (1) 통솔하며 (2) 총명하다 (3) 감찰했다

1 이 글에 궁녀가 재산을 모으는 과정은 나타나 있지 않습니다.

2 궁에 들어온 어린 궁녀를 '생각시'라고 합니다. 생각시는 10여 년 뒤에 '나인'이 되고, 나인으로 15여 년을 근무하면 '상궁'이 됩니다.

3 ㉠과 (3)의 '말'은 '곡식, 액체, 가루 따위의 부피를 재는 단위.'를 뜻합니다.
　(1) 동물 중의 하나인 '말'.
　(2) 사람의 생각이나 느낌 따위를 표현하고 전달하는 데 쓰는 음성 기호.

4 궁녀가 하는 일을 소속 부서라는 기준에 따라 지밀, 침방, 수방, 소주방, 생것방, 세답방, 세수간, 퇴선간 등으로 묶어서 분류의 방법으로 설명했습니다.

5 ㉢은 궁녀의 조직적인 지위 체계를 설명하고 있으므로 궁녀의 조직을 한눈에 알 수 있는 조직도를 덧붙이는 것이 알맞습니다.

6 궁녀에 대해 잘 알고 있는 전문가의 말을 인용하면 궁녀에 대해 설명한 글의 내용이 더 믿을 만하게 느껴질 것이므로 신뢰성을 높일 수 있습니다.
　(1) 글을 쓸 때 어떤 자료를 참고했는지 밝히지 않았습니다.
　(3) 첫째 문단의 둘째 문장에서 궁녀의 수를 구체적으로 제시했습니다.

7 이 글과 관련해 더 알고 싶은 내용은 궁녀의 삶과 관련된 것이어야 합니다.

어휘 정리

1 (1) **지위**: 개인의 사회적 신분에 따른 위치나 자리.
　(2) **배정**: 몫을 나누어 정함.
　(3) **경사**: 축하할 만한 기쁜 일.

2 (2) **아둔하다**: 슬기롭지 못하고 머리가 둔하다.
　　총명하다: 썩 영리하고 재주가 있다.

---

1 오징어, 낙지 2 ② 3 (2) ○ 4 동준 5 ②
6 찬영 7 ③, ④

내용 정리 ❶ 내장 ❷ 빨판 ❸ 열(10) ❹ 여덟(8)

어휘 정리 1 (1) 반동 (2) 조업 (3) 서식 2 (3) ○

1 이 글은 오징어와 낙지의 공통점과 차이점을 설명하고 있으므로 중심 낱말은 오징어와 낙지입니다.

2 오징어와 낙지의 피는 푸른색을 띠는데, 피 속에 산소가 부족하면 투명한 색을 띱니다.

3 오징어는 불빛을 잘 따르는 특성이 있어서 오징어잡이 어선들은 밤에 배에 환한 전등을 매달고 조업합니다.

4 두족류 중에서 우리나라 사람들이 가장 좋아하고 즐겨 먹는 것이 오징어와 낙지라고 했는데, 그 근거가 명확하지 않으므로 신뢰하기 어렵습니다.

5 ㉡에 쓰인 '붙다'는 '맞닿아 떨어지지 않다.'라는 뜻입니다.
　① 예 대학에 붙다.
　③ 예 산불이 여기저기에 붙다.
　④ 예 집에 붙어 있어라.
　⑤ 예 사람이 여럿 붙었는데도 트럭은 꿈쩍하지 않았다.

6 오징어와 낙지의 공통점과 차이점에 대해 설명하고 있으므로 비교와 대조의 방법을 사용했습니다.

7 ①, ②, ⑤는 글에서 설명한 내용과 관련이 있는 자료이므로 글의 내용을 이해하는 데 도움이 됩니다.

어휘 정리

1 (3) **서식하다**: 생물 따위가 일정한 곳에 자리를 잡고 살다.

2 일 등을 하기 위해 열심히 시험공부를 했다는 내용이므로, '있는 힘을 다하여 노력하다.'라는 뜻의 '머리를 싸매다'가 알맞습니다.
　(1) **머리를 굽히다**: 굴복하거나 저자세를 보이다.
　(2) **머리를 흔들다**: 강한 거부의 의사를 표현하거나 진저리를 치다.

DAY

1 ⑤ 2 ④ 3 (1) ○ (2) × (3) × (4) ○ 4 ②
5 (3) ○ 6 ㉮ 7 (1) ○

내용 정리 ❶ 뇌 ❷ 육골분 ❸ 프리온
❹ 인간 광우병

어휘 정리 1 (1) 부검 (2) 폐기물 (3) 둔화 2 (3) ○

1 이 글은 광우병이 어떻게 발생하게 되었는지, 광우병에 걸리면 어떤 증상이 나타나는지 등에 대해 설명하고 있습니다.

2 축산 폐기물을 함부로 버리지 못하도록 규제가 강화되자 축산 기업들은 축산 폐기물을 처리하는 비용을 줄이기 위해 축산 폐기물을 열로 바짝 말려 육골분을 만들었습니다.

3 (2) 프리온은 요리를 하거나 삶아도 죽지 않습니다.
(3) 프리온은 소의 뇌, 척수, 편도, 눈, 내장 등에 많이 들어 있습니다.

4 광우병에 걸린 소의 뇌에 작은 구멍이 무수히 뚫려 있는 사진이 어울립니다.

5 ㉡과 (3)의 '잡다'는 '짐승을 죽이다.'라는 뜻입니다.
(1) 손으로 움키고 놓지 않다.
(2) 자동차 따위를 타기 위하여 세우다.

6 ㉢은 과학자들이 인간 광우병에 대해 연구를 거듭하여 권위 있는 국제 학술지에 실은 내용이므로 신뢰할 수 있습니다.

7 (1)은 비교의 방법으로 광우병과 조류 독감의 공통점을 설명했고, (2)와 (3)은 대조의 방법으로 광우병과 조류 독감의 차이점을 설명했습니다.

어휘 정리

1 (2) **폐기물**: 못 쓰게 되어 버리는 물건.

2 육류 생산이 크게 늘어 축산업자들이 이득을 많이 차지할 수 있었다는 내용이므로 (3)의 뜻이 알맞습니다. (1)의 뜻에 어울리는 관용어는 '배를 앓다'이고, (2)의 뜻에 어울리는 관용어는 '배가 등에 붙다'입니다.

 DAY

1 ③ 2 (1) 긍 (2) 부 (3) 부 (4) 긍 3 ② 4 (3) ○
5 ㉣ 6 ② 7 ④

내용 정리 ❶ 용암 ❷ 화산 활동 ❸ 성층

어휘 정리 1 (1) 점성 (2) 함몰 (3) 지형
2 (1) 비옥해 (2) 차단하기 (3) 완만해서

1 지하 깊은 곳에 있는 마그마가 지표면으로 나온 것을 '용암'이라고 합니다.

2 우리 생활에 좋은 영향을 끼치는 것은 긍정적인 점이고, 나쁜 영향을 끼치는 것은 부정적인 점입니다.

3 제시된 글은 화산 활동이 우리 생활에 끼치는 부정적인 영향과 관련이 있으므로 ㉯ 부분에 들어가는 것이 알맞습니다.

4 ㉠과 (3)의 '연기'는 '무엇이 불에 탈 때에 생겨나는 흐릿한 기체나 기운.'을 뜻합니다.
(1) 정해진 기한을 뒤로 물려서 늘림.
(2) 배우가 배역의 인물, 성격, 행동 따위를 표현해 내는 일.

5 분출된 용암의 종류에 따라 화산을 묶어서 설명하고 있으므로 분류의 방법을 사용했습니다.

6 나무가 우거진 산의 모습을 찍은 사진은 화산 활동에 대해 설명한 이 글과 관련이 없습니다.

7 화산 가스의 어떤 성분이 산성비를 내리게 하고 사람의 몸에 해로운지 궁금해하므로, 화산 가스를 구성하는 성분을 분석한 자료를 찾아보는 것이 알맞습니다.

어휘 정리

1 (3) **지형**: 땅의 생긴 모양.

2 (1) **척박하다**: 땅이 기름지지 못하고 몹시 메마르다.
(2) **차단하다**: 액체나 기체 등의 흐름을 막거나 끊어서 통하지 못하게 하다.
허용하다: 허락하여 너그럽게 받아들이다.
(3) **급하다**: 기울기나 경사가 가파르다.
완만하다: 기울어진 상태나 정도가 가파르지 않다.

18 DAY

1 ②   2 ③   3 ④   4 빌리루빈   5 ②   6 (2) ○
7 ⑤

내용 정리 ❶ 담즙 ❷ 독소 ❸ 혈액 ❹ 적혈구

어휘 정리 1 (1) 분비 (2) 응고 (3) 손상   2 (2) ○

1 간이 하는 일에 대해 설명한 글이므로 '간의 역할'을 글의 제목으로 붙일 수 있습니다.

2 간에 대해 소개하며 설명 대상을 밝힌 **1**문단은 처음 부분에 해당하고, 설명 대상인 간이 하는 일에 대해 구체적으로 설명한 **2**~**6**문단은 가운데 부분에 해당하며, 앞에서 설명한 내용을 정리하고 마무리한 **7**문단은 끝부분에 해당합니다.

3 단백질은 분해되면서 우리 몸에 해로운 암모니아를 만들어 내는데, 간은 이 암모니아를 요소로 만들어 오줌으로 내보냅니다.

4 노란빛을 띠는 빌리루빈이 똥이나 오줌에 섞여서 똥이나 오줌이 누르스름한 빛을 띱니다.

5 ㉠과 ㉡에 쓰인 '나다'는 하나의 낱말이 두 가지 이상의 관련된 뜻을 가진 다의어입니다. ㉠은 '소리, 냄새 따위가 밖으로 드러나다.'라는 뜻이고, ㉡은 '신체에서 땀, 피, 눈물 따위의 액체 성분이 흐르다.'라는 뜻입니다. ②는 동형어에 해당하는 설명입니다.

6 (1)과 (3)은 간이 하는 일을 설명한 글의 내용과 관련이 없습니다.

7 간은 한번 손상되면 회복하기 어렵기 때문에 간 건강을 지키기 위해 노력하자는 내용이 **7**문단에 나옵니다. 따라서 간이 한번 손상되면 왜 회복하기 어려운지 알려 주는 전문가의 말을 인용하면 글의 신뢰성을 높일 수 있습니다.

어휘 정리

2 햄버거 한 개를 먹은 것으로는 충분하지 않다는 내용이므로 (2)의 뜻이 알맞습니다. (1)의 뜻에 어울리는 관용어는 '간이 크다'이고, (3)의 뜻에 어울리는 관용어는 '간이 벌름거리다'입니다.

19 DAY

1 (1) 종류(구조) (2) 구조(종류)   2 ㉣   3 ⑤   4 ④
5 ③   6 ②   7 하이브리드 자전거

내용 정리 ❶ 안장 ❷ 누워서 ❸ 페달 ❹ 브레이크

어휘 정리 1 (1) 골격 (2) 저항 (3) 제동   2 (3) ○

1 이 글은 자전거의 종류와 구조에 대해 차례대로 설명하고 있습니다.

2 산악자전거는 타이어가 두껍고 기어를 21단, 24단, 27단 등으로 변속할 수 있으며, 앞뒤에 완충 장치가 있고 자전거가 빠르게 멈출 수 있게 하는 특수 제동 장치가 부착되어 있어서 험난한 산길에서 타기에 알맞습니다.

3 동력 전달부의 페달을 밟으면 그 힘이 체인을 통해 뒷바퀴로 전달되어 자전거가 앞으로 나아갑니다.

4 ㉠과 ④의 '타다'는 '탈것이나 짐승의 등 따위에 몸을 얹다.'라는 뜻입니다.
① 다량의 액체에 소량의 액체나 가루 따위를 넣어 섞다.
② 불씨나 높은 열로 불이 붙어 번지거나 불꽃이 일어나다.
③ 부끄럼이나 노여움 따위의 감정이나 간지럼 따위의 육체적 느낌을 쉽게 느끼다.
⑤ 몫으로 주는 돈이나 물건 따위를 받다.

5 ㉡에서는 자전거의 구조를 몸체, 동력 전달부, 제동부, 조향부로 나누어 분석의 방법으로 설명했습니다.

6 월별 자전거 판매량은 이 글에서 설명한 내용과 관련이 없습니다.

7 로드 자전거와 산악자전거를 조합해 놓은 자전거로, 회사나 학교에 갈 때 타기에 알맞은 것은 하이브리드 자전거입니다.

어휘 정리

1 (1) **골격**: 어떤 사물이나 일에서 계획의 기본이 되는 틀이나 줄거리.
   골반: 몸통의 아래쪽 부분을 이루는 뼈.
(2) **재앙**: 뜻하지 않게 생긴 불행한 사고. 또는 천재지변으로 인한 불행한 사고.
(3) **완충**: 충격이나 충돌 등을 줄어들거나 누그러지게 함.

2 (1) **몸을 쓰다**: 몸으로 재주를 부리다.
(2) **몸을 빼다**: 바쁜 가운데서 시간을 따로 내다.
(3) **몸을 아끼다**: 힘껏 일하지 않다.

1 (1) 지난 토요일 (2) 울릉도 2 ① 3 (1) ④ (2) ⑦
(3) ⑤ 4 (1) ○ 5 (2) ○ 6 ② 7 (1) ○ (2) ○

내용 정리 ❶ 도동항 ❷ 북면 ❸ 행복

어휘 정리 1 (1) 고즈넉했다 (2) 자생하는 (3) 번화한

2 (1) 기지 (2) 원시림 (3) 나선형

2 동해의 어업 전진 기지는 저동항입니다.

3 (1) 울릉도로 가는 노정을 표현하고 있으므로 ④의 뜻이
알맞습니다.
(2) 숙소로 가는 도중을 표현하고 있으므로 ⑦의 뜻이 알
맞습니다.
(3) 실제로 걷는 길을 뜻하므로 ⑤의 뜻이 알맞습니다.

4 『 』부분은 울릉도를 울릉읍, 서면, 북면으로 나누어서 설
명했으므로 분석의 방법을 사용한 것입니다. 분석의 방
법으로 설명했을 글은 (1)입니다. (1)은 꽃을 암술, 수술,
꽃잎, 꽃받침으로 나누어 분석의 방법으로 설명했을 것입
니다. (2)는 분류, (3)은 비교(비교와 대조)의 방법으로
설명했을 것입니다.

5 글쓴이는 자신이 읽은 내용이 실려 있는 책의 이름을 명
확히 밝히지 않고 '어느 책'이라고만 썼습니다. 책의 이름
을 명확히 밝히면 신뢰성을 높일 수 있을 것입니다.

6 울릉도에 전해 내려오는 옛이야기를 알고 싶어 하므로
울릉도의 전설을 모아 놓은 책이 필요합니다. 전설은 옛
날부터 민간에서 전해 내려오는 이야기를 말합니다.

7 울릉도에서 해양 스포츠를 즐길 수 있다는 내용은 글에
나타나 있지 않으므로, (3)의 홍보 문구는 알맞지 않습니다.

어휘 정리

1 (1) **떠들썩하다**: 여러 사람이 큰 소리로 시끄럽게 마구 떠
들다.
(2) **유행하다**: 특정한 행동 양식이나 사상 따위가 일시적
으로 많은 사람의 추종을 받아서 널리 퍼지다.
자생하다: 저절로 나서 자라다.
(3) **번화하다**: 번성하고 화려하다.
한적하다: 한가하고 고요하다.

2 (1) **기지**: 군대, 탐험대 따위의 활동의 기점이 되는 근거지.
(2) **원시림**: 사람의 손이 가지 않은 자연 그대로의 삼림.

1 ④ 2 ③ 3 ③ 4 ① 5 (3) ○ 6 ⑤
7 (2) ○

내용 정리 ❶ 침묵의 봄 ❷ 디디티(DDT)
❸ 환경 단체 ❹ 지구의 날

어휘 정리 1 (1) 박멸 (2) 철회 (3) 애독

2 손가락질했다

2 『침묵의 봄』이 출간된 뒤에 암 연구소는 디디티가 암을
유발할 수 있다는 증거를 발표해 미국에서는 디디티 사
용을 금지하기 시작했습니다.

3 『침묵의 봄』은 해충을 없애려고 뿌린 디디티로 인해 생태
계가 파괴되었다는 내용이므로, 손해를 크게 볼 것을 생
각지 않고 자기에게 마땅치 않은 것을 없애려고 그저 덤
비기만 하는 경우를 비유적으로 이르는 말인 '빈대 잡으
려고 초가삼간 태운다'가 알맞습니다.
① 일이 매우 쉽다는 말.
② 쉬운 일이라도 협력하여 하면 훨씬 쉽다는 말.
④ 자기의 능력 밖의 불가능한 일에 대해서는 처음부터
욕심을 내지 않는 것이 좋다는 말.
⑤ 사람의 속마음을 알기란 매우 힘듦을 비유적으로 이
르는 말.

5 ㉠과 (3)의 '통'은 '편지나 서류, 전화 따위를 세는 단위.'
를 뜻합니다.
(1) 바짓가랑이나 소매 따위의 속의 넓이.
(2) 배추나 박 따위를 세는 단위.

6 『침묵의 봄』은 디디티가 생태계의 먹이 사슬에 따라 동물
과 사람에게 어떤 영향을 주는지에 대한 내용입니다. 따
라서 생태계에서 생물들 간의 먹고 먹히는 관계를 나타
내는 먹이 사슬 그림을 보여 주면 이 책의 내용을 이해하
는 데 도움이 됩니다.

어휘 정리

2 '비방하다'는 '남을 비웃고 헐뜯어서 말하다.'라는 뜻이므
로, '얕보거나 흉보다.'라는 뜻의 '손가락질하다'와 바꾸어
쓸 수 있습니다.
• **짐작하다**: 사정이나 형편 따위를 어림잡아 헤아리다.
• **칭송하다**: 칭찬하여 일컫다.

1 ① 　 2 ⑤ 　 3 ① 　 4 (1) ○ 　 5 ⑤ 　 6 ⓓ

7 뜨거운 햇볕

내용 정리 ❶ 열 　❷ 철로 　❸ 온도계 　❹ 기체

어휘 정리 1 (1) 액체 　(2) 팽창 　(3) 부피

2 (1) 붙였다 　(2) 벌어진 　(3) 영향

2 열을 가하면 온도계 속 빨간 액체의 부피가 커져 빨간 기둥이 올라갑니다.

3 고체인 철과 구리가 열팽창 정도에 따라 휘어지는 정도를 보여 주는 그림이므로 팽창 정도가 다른 두 개의 금속을 붙여 만든 '바이메탈'을 설명할 때 덧붙여야 합니다.

4 ⓛ과 (1)의 '틈새'는 '벌어져 난 틈의 사이.'를 뜻합니다.
(2) 사람들 사이에 생기는 거리.
(3) 어떤 행동을 할 만한 기회.

5 열에 의한 물체의 부피 변화를 고체, 액체, 기체로 묶어서 분류의 방법으로 설명했습니다.

6 과학책과 과학 잡지에 나오는 내용을 바탕으로 조사 내용을 쓴 것이므로 신뢰할 만합니다.

7 여름철에 뜨거운 햇볕 때문에 전깃줄에 열이 가해져 길이가 늘어난 것입니다.

어휘 정리

1 (1) **액체**: 일정한 부피는 가졌으나 일정한 형태를 가지지 못한 물질.
(3) **부피**: 넓이와 높이를 가진 물건이 공간에서 차지하는 크기.

2 (1) **붙이다**: 맞닿아 떨어지지 않게 하다.
부치다: 편지나 물건 따위를 일정한 수단이나 방법을 써서 상대에게로 보내다.
(2) **벌어지다**: 갈라져서 사이가 뜨다.
버려지다: 가지거나 지니고 있을 필요가 없는 물건이 내던져지거나 쏟아지다.
(3) **영양**: 생물이 활동하고 살아가는 데 필요한 에너지와 물질을 받아들여 생명을 유지하고 몸을 성장시키는 작용. 또는 그것을 위하여 필요한 성분.
영향: 어떤 사물의 효과나 작용이 다른 것에 미치는 일.

비법 1 　**예시** (3) ○

　　　　 연습 1 ① 　2 (2) ○

비법 2 　**예시** **4**

　　　　 연습 1 (2) ○ 　2 (3) ○

비법 1

예시 논설문에는 '적당히'와 같이 의미가 분명하지 않아 정확하게 해석할 수 없는 표현은 쓰지 않아야 합니다.

연습 2 논설문에는 '반드시'와 같이 어떤 사실을 딱 잘라 판단하거나 결정해 단정하는 표현은 조심해서 써야 합니다.

비법 2

예시 **4** 문단에서 명언을 인용해 근거를 제시했습니다.

연습 1 성형외과 수술실에 설치한 감시 카메라 영상을 토대로 병원 과실이라는 판결을 내린 사건을 예로 들어 근거를 제시했습니다.

비법 3 　**예시** ③

　　　　 연습 1 (3) ○ 　2 (3) ○

비법 4 　**예시** 동규

　　　　 연습 1 (3) ○ 　2 (2) ○

비법 3

예시 ㉠에는 주장에 대한 근거가 들어가야 하는데, 뒤에서 근거를 자세히 설명하는 내용으로 보아, ③이 들어가야 합니다.

연습 1 ⑦는 문제 상황과 주장을 밝힌 서론이고, ⑤는 글 내용을 요약하고 주장을 다시 한번 강조한 결론이므로, ⑦와 ⑤ 사이에는 명상을 하면 좋은 점이 본론의 내용으로 들어가야 합니다.

비법 4

연습 1 둘째 근거는 키오스크를 설치했을 때의 좋은 점이므로 키오스크 설치를 반대한다는 글쓴이의 주장을 뒷받침하기에 알맞지 않습니다.

1 ③ **2** ㉣ **3** ② **4** (3) ○ **5** (1) ○ **6** 석준
7 (2) ○

내용 정리 ❶ 반대한다 ❷ 제품 가격 ❸ 로봇 산업
❹ 분명하지 않다

어휘 정리 1 (1) 납부하는 (2) 치열한 (3) 모호하게
2 (1) ○

1 로봇세의 문제점을 근거로 들어 주장을 쓴 글이므로, 글의 제목으로는 '로봇세의 문제점'이 알맞습니다.

2 글쓴이는 로봇세를 도입하면 제품 가격이 오르고, 로봇 산업이 위축될 수 있으며, 세금을 내야 하는 로봇의 범위가 분명하지 않기 때문에 로봇세 도입을 반대합니다.

3 '반드시'는 어떤 사실을 딱 잘라 판단하거나 결정해 단정하는 표현이므로 쓰지 않는 것이 좋습니다.

4 ㉡에서는 로봇세 도입이 로봇 산업에 끼치는 부정적인 영향을 자세히 설명해 근거를 제시했습니다.

5 ㉣이 속한 문단은 내용을 요약하고 주장을 다시 한번 강조하는 결론 부분입니다. 본론 부분에서 글쓴이는 로봇세를 도입했을 때의 문제점을 근거로 들었으므로 ㉣에는 본론 부분의 내용을 요약한 (1)이 알맞습니다.

6 송화처럼 글쓴이의 주장이 내 생각과 다르다고 해서 글쓴이의 주장이 타당하지 않다고 판단하는 것은 옳지 않습니다. 그리고 세금을 내야 하는 로봇의 범위가 분명하지 않다는 셋째 근거는 로봇세 도입을 반대한다는 주장과 관련이 있으므로 근거로 적절합니다.

7 로봇세 도입에 대해 부정적인 관점이 드러난 기사를 찾아야 합니다.

어휘 정리

1 (1) **투자하다**: 이익을 얻기 위해 어떤 일이나 사업에 돈을 대거나 시간이나 정성을 쏟다.
(2) **순수하다**: 사사로운 욕심이나 못된 생각이 없다.
치열하다: 기세나 세력 따위가 불길같이 맹렬하다.

2 로봇 기술 개발에 함께 노력해야 한다는 내용이므로 (1)의 뜻이 알맞습니다. (2)의 뜻에 어울리는 관용어는 '어깨를 겨누다'이고, (3)의 뜻에 어울리는 관용어는 '머리에 새겨 넣다.'입니다.

1 ② **2** ⑤ **3** 지나치기 **4** (3) ○ **5** ① **6** (2) ×
7 (2) ○

내용 정리 ❶ 필요하다 ❷ 처벌 ❸ 공공질서

어휘 정리 1 (1) 동반 (2) 논란 (3) 확산 2 (3) ○

1 ❶은 글 내용을 요약하고 주장을 다시 한번 강조하는 결론 부분이고, ❺는 문제 상황과 글쓴이의 주장이 잘 드러나 있는 서론 부분입니다. 따라서 ❶과 ❺를 서로 바꾸어야 합니다.

2 20○○년 5월과 20○○년 11월에 식당에서 발생한 사고를 예로 들어 근거를 제시했습니다.

3 '과도하다'는 '정도에 지나치다.'라는 뜻입니다.

4 '상당했습니다'는 정확히 어느 정도를 말하는지 알 수 없는 모호한 표현이므로 (3)과 같이 수치를 명확하게 제시하는 것이 좋습니다.

5 노 키즈 존이 필요한 까닭을 근거로 들어 주장을 펼치고 있습니다.

6 ❸에서 말한 둘째 근거는 20○○년에 1000명을 대상으로 영화관의 만족도를 조사한 자료를 바탕으로 한 것이므로 글쓴이가 상상한 내용이 아닙니다. 둘째 근거는 사실이고 믿을 만하며 주장을 설득력 있게 뒷받침하므로 근거로 적절합니다.

7 글쓴이는 노 키즈 존이 필요하다고 생각하므로 (2)와 같이 말했을 것입니다. (1)은 노 키즈 존을 반대하는 생각에 어울리는 내용입니다.

어휘 정리

1 (2) **논란**: 여럿이 서로 다른 주장을 내며 다툼.
(3) **확산되다**: 흩어져 널리 퍼지다.

2 일부 부모가 아이들이 가게 안을 어지러뜨리는 것을 말리지 않고 보고만 있다는 내용이므로 '앞에서 벌어지고 있는 일을 나서서 해결하려 하지 않고 보고만 있다.'라는 뜻의 '팔짱을 끼고 보다'가 알맞습니다.
(1) **이를 갈다**: 몹시 화가 나거나 분을 참지 못하여 독한 마음을 먹고 벼르다.
(2) **어깨가 무겁다**: 무거운 책임을 져서 마음에 부담이 크다.

1 ④ 2 ❸ 3 ① 4 도연 5 ② 6 ②
7 (1) ○ (2) ○

내용 정리 ❶ 사형 제도 ❷ 존엄성 ❸ 약자
❹ 범죄

어휘 정리 1 (1) 존폐 (2) 형벌 (3) 계기 2 (2) ○

1 우리나라는 1997년 12월 30일을 끝으로 지금까지 사형을 집행하지 않아서 실질적 사형 폐지 국가로 분류되고 있습니다.

2 ❸문단의 마지막 문장에서 "열 명의 범죄자를 놓치는 한이 있더라도 한 명의 무고한 희생자를 만들지 마라."라는 법언을 인용했습니다.

3 ① **엎지른 물**: 다시 바로잡거나 되돌릴 수 없는 일을 비유적으로 이르는 말.
② **티끌 모아 태산**: 아무리 작은 것이라도 모이고 모이면 나중에 큰 덩어리가 됨을 비유적으로 이르는 말.
③ **우물 안 개구리**: 넓은 세상의 형편을 알지 못하는 사람을 비유적으로 이르는 말.
④ **등잔 밑이 어둡다**: 대상에서 가까이 있는 사람이 도리어 대상에 대하여 잘 알기 어렵다는 말.
⑤ **쥐구멍에도 볕 들 날 있다**: 몹시 고생을 하는 삶도 좋은 운수가 터질 날이 있다는 말.

5 논설문에는 '전혀'와 같이 어떤 사실을 딱 잘라 판단하거나 결정해 단정하는 표현은 조심해서 써야 합니다.

6 ❻문단은 글 내용을 요약하고 글쓴이의 주장을 다시 한번 강조하는 결론 부분에 해당하므로, ㉣에는 글쓴이의 주장이 들어가야 합니다.

7 (3)은 글쓴이의 주장에 찬성하는 사람이 내세울 수 있는 근거로 알맞습니다.

어휘 정리

1 (2) **형벌**: 법에 따라 죄를 지은 사람에게 벌을 내림. 또는 그 벌.
(3) **계기**: 어떤 일이 일어나거나 변화하도록 만드는 결정적인 원인이나 기회.

2 (1) **꼬리를 내리다**: 상대편에게 기세가 꺾여 물러서거나 움츠러들다.
(2) **가슴에 새기다**: 잊지 않게 단단히 마음에 기억하다.
(3) **눈에서 벗어나다**: 감시나 구속에서 자유롭게 되다.

1 ③ 2 ②, ④ 3 우후죽순 4 유진 5 (1) ○
6 ⑤ 7 (1) ○ (4) ○

내용 정리 ❶ 지켜야 ❷ 휴식 ❸ 공기 ❹ 그린벨트

어휘 정리 1 (1) 활력 (2) 침해할 (3) 완화되어
2 (3) ○

1 논설문의 제목은 글쓴이의 주장이 잘 드러나게 지어야 합니다. 글쓴이는 그린벨트를 지켜야 하는 까닭을 근거로 내세워 그린벨트를 지켜야 한다고 주장했습니다.

3 '우후죽순(雨 비 우 後 뒤 후 竹 대 죽 筍 죽순 순)'은 비가 온 뒤에 여기저기 솟는 죽순이라는 뜻으로, 어떤 일이 한때에 많이 생겨남을 비유적으로 이르는 말입니다.

4 ㉤은 그린벨트가 우리에게 주는 이로운 점이므로 그린벨트를 지켜야 한다는 글쓴이의 주장을 뒷받침하는 데 도움이 됩니다. 따라서 글쓴이의 주장에 대한 근거로 알맞습니다.

5 나무 한 그루가 흡수하는 이산화 탄소의 양과 방출하는 산소의 양, 여름 한낮에 나무 그늘이 주는 효과를 제시해 그린벨트가 도시의 공기를 정화해 준다는 근거를 자세히 설명했습니다.

6 ❺문단은 글쓴이의 주장에 대해 근거를 제시한 본론 부분이고, ❻문단은 글 내용을 요약하고 글쓴이의 주장을 다시 한번 강조한 결론 부분입니다. 따라서 ❺문단과 ❻문단 사이에는 글쓴이의 주장을 뒷받침하는 근거인 그린벨트가 우리에게 주는 이로운 점이 들어가야 합니다.

7 (2)는 글쓴이의 주장과 관련이 없고, (3)은 글쓴이의 주장과 반대되는 내용입니다.

어휘 정리

1 (1) **활력**: 살아 움직이는 힘.
(2) **침해하다**: 침범하여 해를 끼치다.
(3) **완화되다**: 긴장된 상태나 급박한 것이 느슨하게 되다.

2 그린벨트를 유지하면서 전국 각 지역을 고르게 발전시키는 방안을 마련하는 데 적극적으로 임하는 것이 현명하다는 내용이므로 (3)의 뜻이 알맞습니다. (1)의 뜻에 어울리는 관용어는 '코를 쳐들다'이고, (2)의 뜻에 어울리는 관용어는 '머리를 식히다'입니다.

1 ②   2 ⑤   3 국립 공원 공단의 직원은 "곰은 겨울잠을 자는 기간에 새끼를 출산하기도 하는데 출산한 곰은 매우 예민한 상태입니다. 그러므로 겨울에 등산할 때에는 곰을 자극할 만한 소음을 자제해 주십시오."라고 당부합니다.   4 ③   5 ⑤   6 도준   7 (3) ○

내용 정리   ❶ 소리   ❷ 곰   ❸ 번식하는

어휘 정리   1 (1) 소음 (2) 배설 (3) 노출   2 (3) ○

1 ❶문단은 논설문의 서론 부분으로, 산에 사는 동물들이 사람들이 지르는 소리 때문에 스트레스를 받고 있는 문제 상황이 나타나 있습니다.

2 ㉠에는 글쓴이의 주장인 '산에서는 소리를 지르지 말아 주세요.'가 들어가는 것이 알맞습니다.

5 ❸문단에서는 우리가 산에서 소리를 지르면 산새들이 짝짓기를 하지 못하거나 어미 새가 알을 둥지에 두고 달아나기도 하며 산새들이 이상 행동을 할 수 있다고 했습니다. 이는 우리가 지르는 '야호' 소리가 산새들의 삶에 위협이 되고 있음을 뜻합니다. 따라서 ㉡은 '위협하고'로 고쳐야 합니다.

6 글쓴이의 주장은 사람들이 지르는 소리 때문에 산에 사는 동물들이 스트레스를 받고 있는 문제 상황을 해결하기에 알맞으므로 타당합니다. 글쓴이가 ❷문단과 ❸문단에서 제시한 두 가지 근거는 모두 주장과 관련이 있고 주장을 설득력 있게 뒷받침하며 사실이므로 적절합니다.

7 글쓴이는 산에 사는 동물들을 위해 산에서는 소리를 지르지 말자고 주장하고 있습니다. 수연이는 겨울철에 산에 왔으므로 글쓴이가 했을 말로 알맞은 것은 (3)입니다.

어휘 정리

1 (1) **소음**: 불규칙하게 뒤섞여 불쾌하고 시끄러운 소리.
   (2) **배설**: 생물체가 영양소를 섭취한 후 생긴 노폐물을 몸 밖으로 내보내는 일.

2 (1) **손이 닳도록**: 몹시 간절하게 비는 모양을 이르는 말.
   (2) **발이 저리다**: 지은 죄가 있어 마음이 조마조마하거나 편안치 않다.
   (3) **귀에 못이 박히다**: 같은 말을 여러 번 듣다.

1 (1) ○   2 ②   3 (3) ○   4 ②   5 준혁   6 ④
7 ④

내용 정리   ❶ 평범한   ❷ 국민   ❸ 기회

어휘 정리   1 (1) 우위 (2) 생계 (3) 유권자   2 (2) ○

1 글쓴이는 백인 우위 정책 때문에 아프리카인들이 인간적으로 존중받지 못하는 것을 문제 상황으로 생각합니다.

2 ❷문단의 "정부가 정해 주는 일이 아니라 스스로 선택한 일을 하면서"를 통해 아프리카인들은 정부가 일자리를 정해 준다는 것을 알 수 있습니다.

3 ❹문단에서 글쓴이는 모든 사람이 동등한 기회를 얻고 조화롭게 살아가는 민주적이고 자유로운 사회를 실현시키고자 한다고 했으므로 글쓴이의 주장은 (3)이 알맞습니다.

4 아프리카인도 국민의 일부가 될 수 있는 실현 방법을 구체적으로 나열했습니다.

6 ㉢ 뒤의 내용이 인종 간의 조화와 자유를 위해 흑인에게도 백인과 마찬가지로 선거권을 주자는 내용이므로 ④가 알맞습니다.

7 글쓴이는 모두가 평등하고 동등하게 자유로운 삶을 살며 조화를 이루기를 바라고 있으므로 '지배'는 글쓴이가 추구하는 가치와 거리가 멉니다.

어휘 정리

1 (1) **우위**: 남보다 나은 위치나 수준.
   (2) **생계**: 살림을 살아 나갈 방도. 또는 현재 살림을 살아 가고 있는 형편.

2 모든 사람에게 선거권을 주더라도 지금과 반대로 흑인이 백인을 지배하는 일은 일어나지 않을 테니 걱정하지 말라는 내용이므로 '걱정을 하지 않거나 그만두다.'라는 뜻의 '걱정을 잡아매다'가 알맞습니다.
   (1) **눈을 속이다**: 잠시 수단을 써서 보는 사람이 속아 넘어가게 하다.
   (3) **걸음을 재촉하다**: 길을 갈 때에 빨리 서둘러 가다.

낱말 미로

38~39쪽

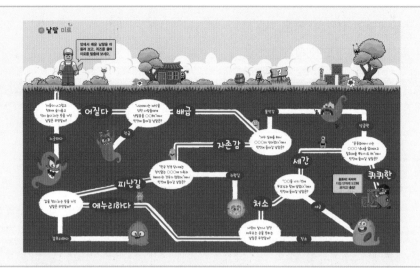

58~59쪽

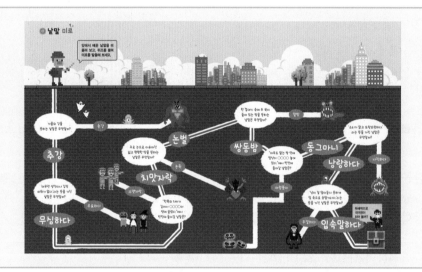

86~87쪽

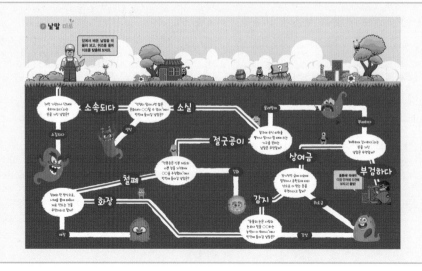

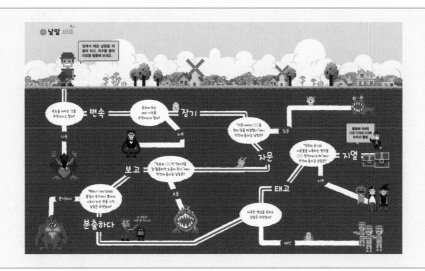

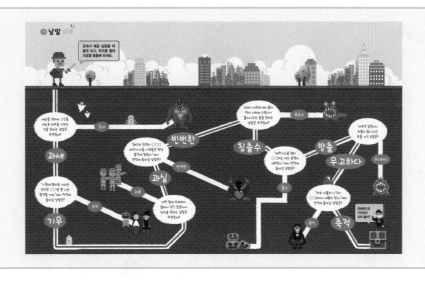

40쪽

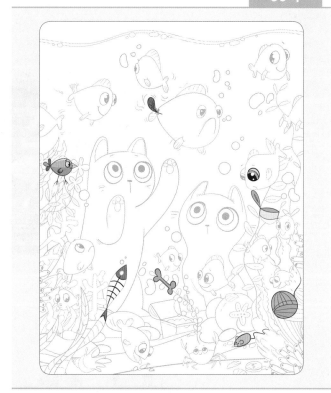

60쪽

114쪽

150쪽

기적의 학습서
오늘도 한 뼘 자랐습니다.

기적의 공부방에서 함께 공부해요!

길벗스쿨 공식 카페 〈기적의 공부방〉
http://cafe.naver.com/gilbutschool

★지금 가입하면 누릴 수 있는 3가지!

1 꾸준한 학습이 가능해요!

- 스케줄 관리를 통해 책 한 권을 끝낼 수 있는 **학습단**에 참여해 보세요!
- 도서 관련 **학습 자료**와 **선배 엄마들의 노하우**를 확인할 수 있어요!
- 궁금한 것이 있다면 Q&A 서비스를 통해 카페지기와 선배 엄마들의 답변을 들을 수 있어요!

2 책 기획 과정에 참여해요!

- **독자기획단**을 통해 전문 편집자와 함께 아이템 선정부터 책의 목차, 책의 구성 등을 함께 만들어가요!
- 출간 전 도서를 체험해 보는 **베타테스트**를 통해 도서의 장/단점을 파악하여 더 나은 도서를 만드는 데 기여해요!

3 재미와 선물이 팡팡 터져요!

- 매일 새로운 주제로 엄마들과 **댓글 이야기**를 나누고 간식도 받아요!
- 매주 카페 **활동왕**을 선정하여 푸짐한 상품을 드려요!
- 사진 콘테스트 등 매번 색다른 **친목 이벤트**로 재미와 선물을 동시에 잡아요!

기적의 공부방은 엄마표 학습을 응원합니다!